W0217779

L'Oracle du CRI des ÂMES

De la même auteure, chez le même éditeur

Le Pouvoir insoupçonné de tes blessures et de tes blocages, 2022.
À la découverte du pendule, 2022.
Les Nombres boussoles, 2022.
Le Chakra du Cœur (extension), 2021.
Mission de Vie (extension), 2021.
AstroGuidances 2022, 2023, agenda.
L'Oracle des flammes jumelles et autres relations karmiques, 2021.
L'Oracle de la voix des âmes, 2021.
Le Guide du Lightworker, 2020.
Les Horoscopes magnétiques d'Isa – Les Atlandes, 2020.
Les Horoscopes magnétiques d'Isa – Les Bâtisseurs, 2020.
Les Horoscopes magnétiques d'Isa – Les Monarques, 2020.
Les Horoscopes magnétiques d'Isa – Les Phœnix, 2020.
La Puissance de la Lune, cartes oracle, 2020.
Libération énergétique, cartes oracle, 2019.
Vies antérieures, cartes oracle, 2019.
Le Chakra du cœur, cartes oracle, 2019.
Mission de vie, cartes oracle, 2019.

Chez Good Mood Dealer *by* Exergue

Post-partum, les premiers mois de la vie de bébé, avec Ely Killeuse, 2022.
Eveyday is a new day, avec Sophie Trem, puzzle, 2021.
Let it Be, avec Sophie Trem, puzzle, 2021.
Mon premier oracle enchanté, avec Sophie Trem, 2021.
Ma Litho Box – Enjoy !, avec Johann Chevillard, 2021.
Ma Litho Box – Here & Now, avec Johann Chevillard, 2021.
Ma Litho Box – Keep Calm, avec Johann Chevillard, 2021.
Ma Litho Box – Sweetheart, avec Johann Chevillard, 2021.

© 2023, Éditions Exergue, une marque du groupe Guy Trédaniel.
Textes et création : © Isabelle Cerf.
Illustrations : © Daphna Sebbane.
ISBN : 978-2-36188-699-8
Tous droits de reproduction, traduction ou adaptation réservés pour tous pays.
www.editions-tredaniel.com
info@guytredaniel.fr
www.facebook.com/tredanieleso
@tredaniel_eso

Isabelle CERF
Illustrations de Daphna Sebbane

L'Oracle du CRI des ÂMES

Collection
les ORACLES d'ISA

ÉDITIONS
EXERGUE
27, rue des Grands-Augustins
75006 Paris

À Victoire,
À Menael,
À Laure.

Coucou,

Comme chacun d'entre nous, tu portes en toi des blessures, et celles-ci peuvent engendrer des blocages. Cela fait partie de la vie et cela n'est pas une fatalité, car même si tu ne peux pas effacer tes blessures, tu peux les accepter et les apaiser en créant une nouvelle relation avec tes blocages. Une relation qui t'accompagnera sur le chemin de l'apaisement et du mieux-être.

J'ai créé cet oracle pour t'aider à te voir d'une nouvelle façon, pour que tu puisses accepter toutes les parties de ton être, pour que tu puisses apprivoiser ta partie sombre et que tu puisses prendre conscience de ta part de responsabilité dans la puissance de tes blocages et de tes blessures intérieures. Évidemment cette part de responsabilité est à nuancer avec ton vécu et ne veut pas dire que tu n'es pas une victime si d'autres t'ont blessé·e.

Avec cet oracle, mon souhait le plus profond est que tu puisses t'accepter. C'est le plus beau cadeau que tu puisses te faire. Dès qu'on parle de blessure ou de blocage, tu peux avoir envie de les libérer et de les effacer, de les faire disparaître. C'est une réaction tout à fait humaine et naturelle, mais c'est souvent une quête impossible, une forme de fuite de soi, un répit de courte durée. Une blessure ne disparaît pas, mais elle s'apprivoise.

Elle s'apprivoise lorsque tu commences à te regarder, et que tu parviens à aimer tout ce que tu vois en toi, à accepter ta partie lumineuse et ta partie sombre, à accueillir tes échecs et tes erreurs.

À l'aide de cet oracle, tu vas pouvoir communiquer avec tes blessures et tes blocages. Ils peuvent devenir une alerte positive. Ils peuvent t'aider à prendre conscience de tes besoins et de tes désirs profonds, ils peuvent t'aider à te rendre compte que tu as besoin de changements, ils peuvent révéler des choses qui ne te conviennent plus.

Tes blocages ne sont pas des boulets vissés à tes chevilles qui te maintiennent au sol. Ils sont une partie de ton être importante qui n'est pas de bon conseil mais qui est une alerte intéressante. Tu peux utiliser cet oracle pour communiquer avec eux. Ne sois pas passif·ive. Laisse toute la place à tes ressentis, à tes réflexions, à tes pensées quand tu regardes la ou les carte(s). Un oracle est un support à ta propre force intérieure et spirituelle. Il n'est pas magique, il révèle ton pouvoir intérieur.

CHAQUE CARTE A 5 MESSAGES :

- Le premier est l'apprentissage : ce message t'aide à comprendre le fonctionnement et la raison de ce blocage.
  Cela t'aide à comprendre l'influence qu'il a dans ta vie intérieure et extérieure, la place qu'il a en toi et les dommages que cela peut créer.

- Le deuxième est le bénéfice secondaire: ce message t'aide à prendre conscience que tes blessures et tes blocages peuvent t'apporter des effets positifs. D'ailleurs, c'est pour cela qu'il est parfois difficile pour toi de les modifier ou de les travailler. Comprendre les bénéfices secondaires t'aide à comprendre comment tu cherches à te protéger. Rappelle-toi que tu ne bloques jamais par faiblesse ou par hasard. Un blocage t'apporte une protection. Il est là quand tu ressens un danger qu'il soit intérieur ou extérieur.

- Le troisième est l'alerte : ce message t'aide à prendre conscience que la fuite ou la libération de tes blessures et de tes blocages est impossible. Tu ne peux pas te faire la promesse de te libérer définitivement d'eux. Cependant tu peux créer une nouvelle relation en tant qu'alerte. Cela va t'aider à accueillir ta partie sombre avec une plus grande douceur et bienveillance. Cela va t'aider à t'accepter.

- Le quatrième est « j'avance à mon rythme » : ce message t'aide à avoir des pistes de réflexion pour créer une nouvelle relation avec tes blessures et tes blocages sous forme d'exercices concrets. Le but est de te redonner le pouvoir. Parfois tu peux attendre que ce soit un rituel ou un objet magique qui transforment ta vie intérieure et extérieure. C'est de la dépendance spirituelle. En agissant pour et par toi-même, tu reprends ta propre avancée et tu te concentres sur tes capacités et tes compétences personnelles.

- Le dernier message est le mantra. C'est un mantra différent selon chaque carte que tu peux utiliser pour la méditation que j'ai créée.

Le QR code est juste ici. Le but de cette méditation est de t'aider à accepter ton être intérieur. C'est une méditation pour t'aider à intégrer tous tes ressentis et réflexions intérieures.

SOMMAIRE

PRISE EN MAIN DE TON ORACLE

1. Cet oracle est là pour t'aider à écouter ta partie sombre. Prends du recul concernant les messages. Ne prends rien comme des critiques gratuites. Le but est de te permettre de prendre conscience de tes blessures et de tes blocages avec douceur et bienveillance.

2. Installe-toi dans un endroit calme. Tu peux poser une question particulière concernant un blocage précis ou tu peux simplement penser à toi. Prends l'oracle dans tes mains en inspirant et en expirant profondément. Bats les cartes en te concentrant sur toi.

3. Espace tes tirages. Prends le temps de bien intégrer tous tes ressentis plutôt que de faire plusieurs tirages par jour. Le but de cet oracle est que tu prennes le temps dont tu as besoin pour découvrir ton être intérieur et pour l'accepter.

4. Demande de l'aide si tu en ressens le besoin. Parfois s'accepter peut être une étape compliquée. Tu as le droit de demander de l'aide à une personne de confiance ou expérimentée pour t'accompagner dans ta découverte personnelle.

5. Sois dans l'instant présent. Si tu es dans la peur ou dans une énergie de contrôle, tu vas avoir des difficultés à communiquer avec toi-même. Sois dans une pièce où tu te sens bien et dans une énergie d'accueil. Reçois les messages sans les craindre.

LES DIFFÉRENTES MÉTHODES DE TIRAGE

LE BLOCAGE OU LA BLESSURE PRINCIPALE

Installe-toi dans un endroit calme.

Prends l'oracle dans tes mains et pose-toi la question à voix haute ou intérieurement :

« Quel est le blocage ou quelle est la blessure qui perturbe le plus mes énergies aujourd'hui ? »

Bats les cartes en étant concentré·e sur cette question.

Choisis une carte.

Regarde-la pendant plusieurs secondes, voire plusieurs minutes, en inspirant et en expirant profondément.

Sois à l'écoute de tes ressentis (émotionnels, physiques, pensées, flashs…) et écris-les.

Ensuite regarde les messages dans le livre.

Les différents messages vont t'aider à préciser tes réponses, tes ressentis et tes réflexions intérieures :

- L'APPRENTISSAGE : cette guidance va t'aider à comprendre pourquoi ce blocage ou cette blessure est présent(e).
- LE BÉNÉFICE SECONDAIRE : cela va t'aider à comprendre comment le blocage ou la blessure te protège.
- L'ALERTE : cela va t'aider à comprendre comment tu peux créer une nouvelle relation avec ton blocage ou ta blessure.
- J'AVANCE À MON RYTHME : cela va t'aider à avoir des pistes de réflexions concrètes pour créer une nouvelle relation avec toi-même.
- LE MANTRA : quand tu as terminé ton tirage, relis ce que tu as écrit et à l'aide du mantra, expérimente la méditation présente par QR code dans le livre pour conclure ton expérience avec ton oracle.

Si tu ressens le besoin de tirer une autre carte, tu peux le faire et suivre le même procédé.

LA PROTECTION DE MES BLOCAGES OU DE MA PARTIE SOMBRE

Ce tirage est idéal si tu veux comprendre pourquoi tu n'arrives pas à créer une nouvelle relation avec tes blocages ou tes blessures.

Installe-toi dans un endroit calme.

Prends l'oracle dans tes mains et pose-toi la question à voix haute ou intérieurement :

« Comment mon blocage ou ma blessure me protège ? »

Bats les cartes en étant concentré·e sur cette question.

Choisis une carte.

Regarde-la pendant plusieurs secondes, voire plusieurs minutes, en inspirant et en expirant profondément.

Sois à l'écoute de tes ressentis (émotionnels, physiques, pensées, flashs…) et écris-les.

Ensuite regarde le message LE BÉNÉFICE SECONDAIRE.

De nouveau, sois à l'écoute de tes ressentis.

Réfléchis pendant plusieurs jours à tes réflexions intérieures.

Tu peux prendre une deuxième carte si tu en ressens le besoin ou si tu ressens la présence d'autres blocages.

MES BLOCAGES COMME ALERTES

Ce tirage est idéal quand tu te sens prêt·e à créer une nouvelle relation avec tes blocages et/ou blessures comme des alertes positives.

Ce n'est pas une course à la performance.

Tu effectues ce tirage quand tu te sens prêt·e.

Installe-toi dans un endroit calme.

Prends l'oracle dans tes mains et pose-toi la question à voix haute ou intérieurement :

« Comment puis-je créer une nouvelle relation avec mon blocage ou ma blessure ? »

Bats les cartes en étant concentré·e sur cette question.

Choisis une carte.

Regarde-la pendant plusieurs secondes, voire plusieurs minutes, en inspirant et en expirant profondément.

Sois à l'écoute de tes ressentis (émotionnels, physiques, pensées, flashs...) et écris-les.

Ensuite regarde les messages L'ALERTE et J'AVANCE À MON RYTHME.

De nouveau écris toutes tes réflexions intérieures.

Engage-toi à réaliser les actions que tu as notées.

Tu peux terminer ton tirage par la méditation avec LE MANTRA.

Tu peux aussi prendre d'autres cartes si tu en ressens le besoin.

Utilise cet oracle en faisant confiance à tes besoins, à tes ressentis et à ta sensibilité.

Quand tu as cet oracle dans les mains, il devient ton oracle.

Tu peux l'utiliser comme tu le souhaites.

Avant de te présenter les différents messages associés aux cartes, je souhaite dédicacer cet oracle à Virginie, ma meilleure amie, qui travaille avec moi.

C'est une vraie source d'inspiration dans l'accueil et dans le travail de ses blocages et de ses blessures.

Que ce soit par son soutien ou par son propre chemin, elle m'a aidée à vivre de très belles révélations intérieures.

Je lui suis reconnaissante d'être présente dans ma vie et, à travers ces lignes, je souhaite simplement lui dire que je l'aime de tout mon cœur.

Je te souhaite une très belle aventure intérieure guidée par cet oracle et par la beauté de tes énergies.

Je t'embrasse.

Isa

MESSAGES DES CARTES

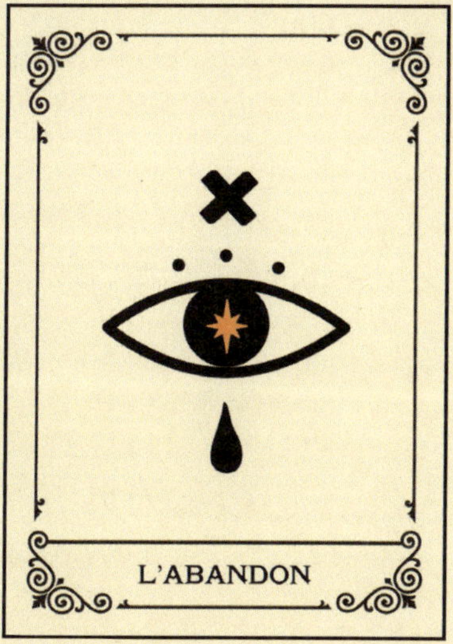

L'APPRENTISSAGE :

Je suis présent en toi depuis longtemps. Je suis là depuis que tu as eu le ressenti profond et violent d'insécurité physique, énergétique et émotionnelle. Je me suis ancré en toi et j'ai créé une grande douleur et une grande souffrance. Quand je suis trop présent en toi, tu t'effaces totalement pour éponger les désirs, les besoins et l'identité des autres. Quand mon impact est trop grand en toi, tu n'es plus à l'écoute de tes pensées et tu n'existes qu'à travers le regard des autres. Plus tu cherches à fuir cette souffrance que je te procure, et plus tu t'enfermes dans des schémas négatifs. Par le regard de l'autre, tu souhaites ne plus me voir, mais je t'enferme dans des schémas de dépendance, et je suis vraiment désolé. Je sais que quand nous sommes ensemble tu ressens un vide, une forme de néant intérieur. Je suis avec toi et, pourtant, je renforce ta solitude. Je t'enferme dans une prison et ton but est de t'évader. Je t'empêche d'être libre et indépendant·e. Je te crée des chaînes et, pour m'éviter, tu les remplaces par les tiennes. Nous sommes souvent comme deux prisonniers, mais ni toi ni moi n'avons la clef de notre cellule. Nous n'avons pas non plus le plan d'évasion. Je sais que les autres sont ton issue, mais à quel prix ? Puisque si ce n'est pas moi qui te fais souffrir, les autres s'en chargent. Qu'en est-il de ton bonheur, alors ?

LE BÉNÉFICE SECONDAIRE :

Je sais que je te fais souffrir, mais je peux aussi parfois te rassurer. Cela ne fait pas de toi une personne faible que de l'admettre. Mais je te rends dépendant·e des autres. Ta fuite me concernant crée des liens négatifs et oppressants avec les autres. Mais tu les préfères à moi et je comprends vraiment.

Et quand tu dépends d'eux, eh bien, tu ne penses à toi. Tu leur es totalement dévoué·e et toutes tes énergies sont concentrées sur eux. Alors cela t'aide à fuir tes propres peurs. Quand tu as peur de t'écouter, quand tu as peur de tes pensées, de ton identité, de tes projets, de tes besoins et de tes attentes, tu les fuis à travers les autres. Ce sont eux qui choisissent pour toi et ce sont eux qui ont raison ou tort. Et quand ce n'est pas eux, eh bien, c'est moi la fautive. Moi cette vilaine blessure d'abandon présente depuis trop longtemps. Sans t'en rendre compte, tu fuis ta part de responsabilité, ton libre arbitre. Tu fuis les prises de décisions et les remises en question. Et c'est à ce moment-là que je te suis très utile. Si tu ressens trop intensément, c'est la faute des autres ou de la mienne. Si tes pensées sont oppressantes, c'est la faute des autres ou de la mienne. Tu ne fais pas partie de l'équation. En étant concentré·e sur l'extérieur, tu cherches à me fuir, mais tu te fuis aussi. À certains moments, tu ne peux pas te retrouver et, tu le sais, je suis bénéfique. Je te donne la force de courir quand t'écouter est quelque chose qui te paraît insurmontable.

L'ALERTE :

Je suis et serai toujours présent en toi. Ce n'est pas une fatalité loin de là. Mais toi et moi, c'est pour toute la vie. Cependant, prends conscience que j'ai le rôle et la place que tu me donnes. Plus tu vas chercher à me libérer, plus tu vas te fuir, et plus tu vas être dans une quête de la perfection épuisante et inefficace. Mais nous pouvons créer une nouvelle relation, toi et moi. Quand tu ressens que ton ego s'efface, quand tu prends conscience que tu as besoin de la validation des autres, de leur regard, de leur attention pour sourire et pour te sentir exister, demande-toi pourquoi et ce que tu peux faire pour te retrouver, pour t'écouter et pour t'aimer par toi-même.

Tu es un être interactionnel. Tu n'as pas besoin des autres. Tu as besoin de partager avec les autres, et cette nuance est très importante. Quand tu ressens intensément ma présence, ne pars pas à la quête d'une aide ou d'une action que tu peux faire pour autrui. Apporte-toi toute cette attention et cette détermination. Réponds à tes propres besoins, tes propres attentes et surtout respecte tes limites.

Quand je te conseille, j'efface tes limites. Si tu ne les établis pas, alors les autres ne les respectent pas, car ils ne les voient pas. Tu n'as pas choisi ma présence, je le sais, mais mon alerte peut être positive et crois-moi, je ne prends aucun plaisir à te faire souffrir. Aucun.

J'AVANCE À MON RYTHME :

Je suis là. Créons un nouveau lien ensemble. Pour ce faire, tu peux réfléchir à tes limites. Pose-toi ces questions : « Qu'est-ce que j'accepte et qu'est-ce que je n'accepte pas ? » « Qu'est-ce que je mérite et qu'est-ce que je ne mérite pas ? » « Qu'est-ce que je veux et qu'est-ce que je ne veux pas ? » Ensuite, demande-toi s'il y a des situations et des relations indésirables présentes actuellement dans ta vie et demande-toi comment tu peux les modifier ou les arrêter. Engage-toi aussi chaque jour à faire une activité qui t'apporte de la douceur et de la bienveillance. Cela peut être une sieste, un sport, un art. Qu'est-ce qui t'apporte de la douceur ? Donne-toi autant de temps que celui que tu consacres aux autres.

LE MANTRA :

« Tout ce que j'apporte aux autres, je me l'apporte avant à moi-même. »

L'APPRENTISSAGE :

Quand je suis là, tu te sens épuisé·e. Tu es à bout de forces et tu as l'impression de n'être capable de rien. Tu n'as qu'une envie, faire marche arrière et retourner dans ta zone de confort. Quand je suis là, tu as l'impression de ne plus avoir de capacités, de compétences et de ressources pour continuer ton avancée. Tu te mets alors à douter et tu as l'impression d'avoir pris le mauvais chemin, d'avoir mis en place les mauvaises actions et d'aller vers l'échec. Tu te figes et tout s'assombrit. Tout devient flou, incompréhensible et hasardeux. Toute nouvelle avancée est compliquée. Tout est difficile. Tu ressens alors de grandes tensions intérieures. Quand je suis là, tu crois que tu ne peux plus marcher. Tes chaussures sont abîmées et le chemin est devenu impraticable. Quand je suis là, tout s'arrête. Tu as la sensation que tout ce que tu as entrepris n'est pas assez ou ne sert à rien. Tu es démotivé·e, agacé·e et irrité·e. Tu as l'impression qu'il est trop tard pour faire ce que tu souhaites et que le mieux, c'est d'abandonner. Quand je suis là, tu te sens bloqué·e. Je peux même créer une grande terreur intérieure. Quand je suis là, tu as une forme de révélation et d'évidence: tu n'es pas capable. Mais ce n'est pas vrai. C'est ma présence qui te fait croire ça. Je ne suis pas la vérité. Je suis un blocage. Je ne suis pas basé sur des faits. Je ne suis pas la réalité.

LE BÉNÉFICE SECONDAIRE:

Je sais que je t'oppresse, mais je peux aussi te rassurer. Quand je suis là, c'est que tu as déjà franchi les principales étapes. Il ne t'en reste qu'une. Mais tu as peur, car cette ultime étape ouvre la porte au changement, au renouveau et à l'inédit. Cette ultime étape rend réel tout ce que tu as imaginé et entrepris. Cette ultime étape ouvre un nouveau chapitre de vie. Et tu peux être terrorisé·e. Alors à ce moment-là, même sans t'en rendre compte, tu m'appelles et je te fige. Tu te souviens de Piper dans *Charmed*? Eh bien, c'est moi. Je t'immobilise et je te dépouille de toutes tes convictions et capacités. Mais cela te rassure, car tu restes dans ta zone de confort. Tu n'ouvres pas la porte au renouveau. Tu restes dans des situations familières. Tu peux me détester, tu peux chercher à me libérer, je sais qu'une partie de toi est rassurée par ma présence. Alors tu vas chercher à apprendre de nouvelles choses, tu vas remettre les choses à demain ou tu vas te trouver des excuses. Cela va t'aider à trouver une raison valable de ne pas franchir la dernière étape et tu vas éviter l'inconnu. Et ça grâce à moi. Je sais que tu ne me diras jamais «merci» mais, par moments, tu as de la gratitude pour moi.

L'ALERTE:

Tu peux créer une nouvelle relation avec moi en tant qu'alerte. Une chose est sûre, tu ne peux pas te débarrasser définitivement de moi, car j'arrive quand tu as besoin de te sentir protégé·e et en sécurité, alors ne gaspille pas tes énergies à me libérer, cela ne marchera pas. Tu as essayé dans le passé et ça n'a pas fonctionné. Créons ensemble une nouvelle relation, tu veux bien ? Pour ce faire, quand je suis là, demande-toi pourquoi tu as peur. Demande-toi pourquoi tu as besoin de sécurité. Ensuite prends le temps de regarder tout le chemin que tu as parcouru et fais un bilan de toutes les étapes que tu as franchies. Concentre-toi ensuite sur l'instant présent. Quand je suis là, c'est pour te dire qu'il te reste une étape à franchir. C'est pour te dire que tu as bientôt réussi. C'est pour te dire que le changement et le renouveau sont proches. C'est pour t'annoncer une très belle nouvelle. Tu peux me voir d'une nouvelle façon. Je peux être l'alerte positive qui dit que l'aboutissement est proche, mais que tu as besoin d'être rassuré·e. Cela va t'aider à mettre en place des actions pour avancer à ton rythme en respectant tes ressources et tes limites. Regarde-moi d'une autre façon. Donne-moi un nouveau rôle. On peut avancer main dans la main et je peux t'aider à effectuer de très belles choses.

J'AVANCE À MON RYTHME :

Pour créer une nouvelle relation avec moi, tu as besoin d'une chose très importante : UNE PRIORITÉ. Pour ce faire, liste toutes les actions que tu as à mettre en place pour faire ce que tu souhaites. Tu les écris sur une feuille. Ensuite sur une seconde feuille, décris une seule action. Celle qui est prioritaire. Tu ranges la première feuille et tu te concentres uniquement sur l'action de la seconde. Quand celle-ci est réalisée, tu regardes la première feuille et tu écris sur la seconde la nouvelle action à faire. Plus tu vas te concentrer sur une priorité à la fois, et plus tu vas t'ancrer dans l'instant présent. Cela va t'aider à ne pas être terrorisé·e par le changement et le renouveau, car tu vas être davantage concentré·e sur ce que tu fais plutôt que sur le résultat à venir. L'organisation est aussi très importante. Cela va t'aider à ne pas te disperser et à concentrer tes énergies sur une chose à la fois. Tu peux aussi faire des méditations en pleine conscience. Le matin, au réveil, tu fermes les yeux et tu prends de grandes inspirations et expirations en te concentrant sur la priorité du moment. Tu te visualises en train de la réaliser dans la joie et dans la douceur. Cela va t'aider à ouvrir de nouveaux chapitres de vie tout en te sentant en sécurité.

LE MANTRA :

« Je fais confiance au renouveau et à mon avancée. »

L'APPRENTISSAGE :

Je suis là cachée au creux de ton être. Je me suis inscrite en toi à la suite d'expériences où tu t'es senti·e profondément rejeté·e et où on t'a demandé de te taire à maintes reprises. On t'a regardé·e avec dédain en te disant que ce que tu penses ne compte pas, ce que tu veux est risible et qui tu es est anecdotique. Plus ces regards étaient méprisants, et plus je suis apparue en toi. Je contiens beaucoup de choses.

Dès qu'il y a un événement qui parasite ton équilibre, je l'enferme en moi. Dès qu'il y a une très grande souffrance, une immense déception, une expérience que tu ne peux pas accepter, je l'emprisonne en moi. Dès que je les ai capturées, cela disparaît de ton esprit et de ton être. Tu ne souffres plus et tu n'y penses plus. Cela s'évapore et t'aide à retrouver un équilibre intérieur et extérieur. Je peux garder toutes ces choses-là de longs mois comme de longues années. Quand elles sont en ma possession, elles n'existent plus pour toi. Tu as grandi en croyant que tu n'as ni le temps ni l'espace pour vivre des expériences déstabilisantes. Tu t'es conditionné·e pour être toujours dans le self-control. Tu ne t'autorises pas à être bouleversé·e, à être heurté·e, à vivre pleinement tes émotions et tes moments de vie. Alors que c'est tellement important et fort, j'aspire tout cela en moi.

LE BÉNÉFICE SECONDAIRE :

Je suis le fruit de nombreuses souffrances, mais j'ai de très bons côtés. Je suis très pratique et tu le sais bien. Je t'aide à gérer tes émotions et tes souffrances intérieures. Alors, oui, c'est comme cacher la poussière sous le tapis, mais cela est très commode quand tu n'as pas les ressources pour équilibrer tes réactions émotionnelles, tes réactions et tes pensées. Tout ce qui te déstabilise, je le fais disparaître et par moments c'est super cool. C'est comme un bouton sur lequel tu peux appuyer et, hop ! la magie opère. Cela t'aide à rester concentré·e sur tes objectifs et sur tes priorités. Cela t'aide à continuer à avancer à ton rythme, à rester debout. Ma présence t'apporte de nombreux bénéfices secondaires, mais cela peut créer des dommages collatéraux. Certaines personnes peuvent être blessées de ne plus avoir de tes nouvelles, car elles sont emprisonnées dans la boîte, tu peux oublier d'effectuer telle ou telle chose ou d'aller dans tel endroit et cela peut avoir des conséquences négatives, mais je t'apporte une forme d'équilibre et tu en as besoin. Alors, comme toi, j'admets que parfois c'est super de pouvoir mettre ces choses-là en moi.

L'ALERTE :

Je sais comme toi que je ne vais pas disparaître. Je suis le fruit de ton passé. Je suis inscrite en toi, mais je ne suis pas obligée de contenir de nombreuses choses. Je peux être une alerte positive et pour cela, tu peux prendre l'habitude de m'ouvrir régulièrement. Quand tu as le temps, les ressources et l'espace pour le faire, tu peux regarder ce qui est caché en moi. Tu peux ensuite regarder chaque chose une par une et réfléchir aux actions que tu souhaites mettre en place les concernant avec le recul que tu as à ce moment-là. Tu peux aussi décider de les remettre dans la boîte, car tu ne te sens pas prêt·e. C'est ton propre fonctionnement, alors ne t'impose rien. Sois juste toi-même. Tu peux aussi décider dès que quelque chose te heurte d'en parler immédiatement à la personne concernée ou à une personne de confiance. Mais quand tu m'appelles, c'est que tu n'arrives pas à gérer une expérience, une réaction émotionnelle ou une pensée. Nous pouvons cohabiter sans t'empêcher de vivre pleinement tes expériences. Ce qui est primordial, c'est ton équilibre intérieur mais rappelle-toi que j'ai le rôle que tu me donnes.

J'AVANCE À MON RYTHME :

Pour créer une nouvelle relation avec moi, ouvre-moi. Tu peux définir un moment précis ou le faire de façon spontanée. Sois vraiment dans la régularité. Pour m'ouvrir, pense aux expériences qui ont été perturbantes pour toi. Demande-toi lesquelles et visualise tes réactions. Si tu as pris la fuite et qu'ensuite tu as oublié, c'est que tu as mis cela en moi. Demande-toi si tu es prêt·e à affronter cette chose-là et comment tu peux le faire. Cela peut être une conversation avec une personne, un choix, un changement d'habitude, un changement de direction ou la modification d'un projet. Détermine des actions concrètes pour que tu puisses être dans une vraie découverte et acceptation de ton être. Tu peux aussi créer ou acheter une vraie boîte. Matérielle, je veux dire. Et quand quelque chose te blesse, tu peux l'écrire sur un morceau de papier et l'enfermer dans mon double. Quand tu te sens prêt·e, tu peux sortir le ou les morceau(x) de papier et y réfléchir. Tu peux aussi travailler sur tes blessures passées avec une personne expérimentée. C'est une autre façon de créer une nouvelle relation avec moi. Mais ne t'en veux pas de mettre des choses en moi, ne t'en veux pas de les laisser longtemps à l'intérieur de toi. Rappelle-toi que tu fais le maximum avec les moyens que tu as.

LE MANTRA :

« J'accueille avec confiance en douceur mes souffrances intérieures. »

L'APPRENTISSAGE :

Nous pouvons être nombreuses. Chacune d'entre nous est présente au niveau de tes chakras. Quand nous sommes là, ce n'est pas pour t'oppresser ou pour te blesser gratuitement. Nous sommes là, car tu te sens en danger et tu as besoin de sécurité. Nous bloquons alors un ou plusieurs chakras. Le but est d'arrêter le mouvement le temps que tu reprennes ton souffle. Nous savons que tu peux chercher à nous libérer, mais nous sommes là quand tu nous appelles consciemment ou non. Notre rôle est de figer tes énergies quand tu n'as pas les ressources pour créer un équilibre intérieur, quand tu n'as pas les ressources pour avancer et quand tu n'as pas les ressources pour affronter l'incertitude du monde extérieur. Alors, c'est vrai, tu peux ressentir des tensions ou un vide intérieur. Ce n'est pas notre souhait principal. Nous te mettons en sécurité. Mais ce n'est pas l'état naturel de ton corps et de tes énergies, alors tu peux ressentir notre présence de façon négative. Tu as pu grandir avec nous. À ce moment-là, nous sommes devenues ta norme et, sans nous, tu te sens démuni·e et encore plus paralysé·e. Plus tu vas chercher à nous libérer rapidement, et plus nous serons puissantes. Tant que tu te sens en danger, nous sommes là. C'est notre mission première : assurer ta sécurité intérieure et extérieure.

LE BÉNÉFICE SECONDAIRE :

Nous te rassurons beaucoup, car, grâce à nous, tu es en sécurité. Alors, oui, nous te bloquons dans une zone de confort, mais cela t'apporte une forme d'apaisement. Quand tu as peur du monde extérieur, nous bloquons ton chakra racine. Quand tu as peur de tes émotions, nous bloquons ton chakra sacré.

Quand tu as peur de tes pensées, nous bloquons ton chakra du plexus solaire. Quand tu as peur de créer de nouveaux liens avec toi et les autres, nous bloquons ton chakra du cœur. Quand tu as peur de communiquer, nous bloquons ton chakra de la gorge. Quand tu as peur de ton intuition, nous bloquons ton chakra du troisième œil et, quand tu as peur de lâcher prise, nous bloquons ton chakra coronal. Nous ne bloquons rien par hasard. Nous le faisons pour que tu puisses te sentir en sécurité. Alors tu peux te sentir rassuré·e quand nous t'entourons. Cela peut te donner la sensation d'être dans un cocon douillet, même si celui-ci est désagréable sur le long terme. Quand nous sommes présentes autour de toi, tu peux aussi t'embrouiller. Tu te dis que tu vas tout faire pour aller vers l'inconnu et l'inédit tout en sachant qu'on t'en empêche. Tu te fais croire à toi-même que tu donnes le maximum pour faire ce que tu souhaites tout en sachant que ce n'est pas possible. C'est une fuite de toi mais, quand tu le fais, c'est que tu n'es pas capable de faire autrement.

L'ALERTE :

Nous avons le rôle que tu nous donnes. Nous sommes là quand tu nous appelles que ce soit consciemment ou non. Nous n'arrivons jamais sans ton autorisation. Tu peux nous voir d'une autre façon. Tu peux nous considérer comme des alertes positives. Quand tu ressens notre présence, tu peux te demander pourquoi tu te sens en danger et pourquoi tu as besoin d'un cocon pour te protéger. Tu peux ainsi devenir la zone de sécurité que tu cherches par notre présence. Tu peux prendre conscience de notre alerte pour t'apporter par toi-même de la douceur et de la bienveillance. Tu peux aussi savoir qu'on est là et nous garder auprès de toi le temps dont tu as besoin, car tu n'as pas les ressources pour faire autrement. Tu n'as pas besoin de toujours devoir te dépouiller de nous. Parfois, tu vas avoir besoin de notre présence pendant de longs mois ou de longues années. Accorde-toi ce droit. Mais tu ne peux pas te libérer de nous de façon définitive. Nous sommes là quand tu as besoin de sécurité et, vu que tu vis dans un monde incertain et en perpétuel mouvement, notre présence peut être salutaire en tant qu'alerte. Nous ne voulons que ta sécurité et cela sera toujours notre but premier.

J'AVANCE À MON RYTHME :

Pour créer une nouvelle relation avec nous, tu as besoin de créer une nouvelle relation avec toi. Chaque matin, quand tu te réveilles, ferme les yeux et prends de grandes inspirations et expirations. Écoute ton corps. Ressens s'il y a des tensions ou des gênes présentes et demande-toi pourquoi. Demande-toi aussi pourquoi tu te sens en insécurité et demande-toi ce dont tu as besoin. Tu peux aussi choisir l'action principale de la journée qui va t'apporter de la douceur et de la bienveillance. Si tu as grandi avec nous, si nous sommes devenues une base d'ancrage, tu vas avoir des difficultés à créer une nouvelle relation avec nous seul·e. Tu vas avoir besoin d'aide, alors demande un soutien d'une personne expérimentée qui va t'aider à créer de nouvelles bases intérieures dans un environnement serein et protégé.

La méditation quotidienne peut te permettre de créer une nouvelle relation avec toi. Il n'y a pas de recette magique. Pas de grigri magique. Plus tu vas t'écouter, plus tu vas prendre soin de tes limites, plus tu vas faire de toi ta priorité, et plus ta relation avec nous sera équilibrée. Pas de magie. Juste de l'amour envers toi.

LE MANTRA :

« Je m'écoute avec douceur en toute bienveillance. »

L'APPRENTISSAGE :

Nous adorons tout verrouiller et détestons le changement. Nous sommes tes pensées emprisonnées. Tes pensées qui ne peuvent jamais être renouvelées, modifiées ou confirmées. Le temps n'a aucune emprise sur nous. Nous ne changeons pas. Nous ne vieillissons pas et ne mûrissons pas. Nous sommes apparues en toi par le biais de ton éducation, d'expériences de vie pénibles ou parce que tu as peur de tes propres pensées, du changement et des remises en question. Nous, nous ne remettons rien en question. Tout ce que nous pensons est une vérité éternelle et indétrônable. Nous sommes issues de discussions que tu as eues avec une ou plusieurs personnes, d'une vidéo visionnée ou d'une lecture. Nous sommes arrivées en toi sans être digérées. Et depuis nous t'influençons. Nous t'enfermons dans une façon de faire et d'être qui ne te correspond pas forcément, car nous ne nous adaptons pas du tout à tes propres mouvements intérieurs. Nous ne nous adaptons pas, cela ne nous intéresse pas. Nous, nous voulons juste garder comme vrai et véritable ce que nous pensons. Nous refusons la contradiction et rejetons les autres cadres de référence. Nous sommes ainsi. Et cela le restera pour toujours.

LE BÉNÉFICE SECONDAIRE :

Nous savons que nous n'apportons pas une énergie dynamique, mais nous savons aussi que nous te rassurons. Grâce à nous, tu as un avis sur tout, et surtout cet avis ne change pas. Cela t'aide à catégoriser les choses, à poser des étiquettes ou à voir le monde sous un angle qui ne change jamais. Cela t'aide à ne pas accepter ton mouvement intérieur et le changement permanent du monde extérieur.

Cela t'aide à rester dans ta zone de confort quand tu as besoin de retrouver une sécurité intérieure et extérieure. Nous t'aidons à donner du sens à ce qui n'en a pas. Nous t'aidons à formater les choses qui ne te conviennent pas. Nous t'aidons à créer une forme d'équilibre. Et surtout notre énergie est très linéaire. Nous disons toujours la même chose de la même façon qu'importe le temps qu'il fait ou qu'importe ce qu'il se passe dans ta vie. Nous disons les mêmes mots de la même façon. Nous sommes prévisibles et c'est aussi très rassurant. Quand la communication avec les autres te paraît angoissante, quand une information extérieure te perturbe, quand un ressenti t'invite à sortir de ta zone confort, nous sommes là et te disons que tout cela n'est pas vrai. Nous te rappelons ces pensées ancrées en toi depuis très longtemps. Cela t'apaise. Cela t'aide à créer une forme de sérénité.

L'ALERTE :

Tu es un être de pensées. Tu ne peux pas toutes les contrôler. Même si nous sommes prévisibles, nous ne sommes pas contrôlables. Nous pouvons venir à toi sans que tu nous appelles. Si l'envie est là, nous arrivons et tu ne peux rien y faire. Mais tu peux créer une nouvelle relation avec nous, nous dompter. Nous n'aimons pas trop ça, mais c'est la vérité. Sans forcément fermer la porte à clef, tu peux nous restreindre l'accès à ton esprit. Et nous pouvons devenir alors des alertes. Quand nous enfermons tes pensées, tu peux faire une pause et te demander pourquoi nous sommes là, tu peux questionner l'événement qui a causé notre apparition, tu peux te demander quelle autre pensée tu es en train de fuir. Tu ne t'enfermes jamais dans une pièce sombre et étriquée par hasard. Quand nous sommes là, c'est que tu as besoin de donner un sens à quelque chose que tu n'arrives pas à voir telle qu'elle est. Quand nous sommes présentes en tant qu'alertes, c'est que tu te sens dans une énergie anxiogène et que tu as besoin de sécurité. Quand nous sommes là, c'est que tu as besoin d'un moteur pour avancer et que tu ne peux pas le faire par toi-même. Nous ne sommes et ne serons jamais là par hasard et encore moins pour te blesser. Notre but est de te protéger. Nous sommes là quand le changement et le renouveau t'effraient, et surtout nous avons le rôle que tu nous donnes. Plus tu vas nous donner de l'importance, et plus notre voix sera forte. Par contre, comme tu le sais, nous n'aimons pas le changement. Nous ne pouvons pas l'envisager. Alors nous allons nous battre. Nous allons tout faire pour rester ta voix principale.

C'est notre nature. Cela va te demander beaucoup d'investissement envers toi-même pour créer une nouvelle relation avec nous. Nous savons que tu en es capable. Mais nous ne t'aiderons pas forcément à le faire et nous en sommes désolées.

J'AVANCE À MON RYTHME :

Pour créer une nouvelle relation avec nous, tu as besoin de te concentrer sur tes pensées. Surtout ne cherche pas à nous fuir. Nous allons être encore plus présentes. Installe-toi dans un endroit calme et décris tout ce que tu entends. Ensuite relis ce que tu as écris et écoute véritablement tes ressentis. Note les phrases où tu te sens rassuré·e. Ce sont celles sur lesquelles je t'invite à travailler en premier. Demande-toi pourquoi elles te rassurent autant et pourquoi tu te sens en danger sans elles. Ensuite demande-toi par quelles pensées positives tu peux les remplacer et réfléchir aux actions que tu peux mettre en place pour créer une nouvelle relation avec toi et avec le monde extérieur. Ensuite note les phrases qui t'aident à avoir une belle image de toi. Demande-toi pourquoi tu as peur de te regarder tel·le que tu es et pourquoi tu ne t'aimes pas. Réfléchis aux mantras que tu peux créer qui peuvent t'aider à t'aimer et aux actions pour créer une nouvelle estime de toi-même. Enfin note les phrases qui t'aident à donner du sens à des expériences ou des événements que tu ne veux pas accepter tels qu'ils sont. Demande-toi pourquoi cette acceptation est difficile et comment tu peux les voir d'une nouvelle façon. Nous t'invitons vraiment à t'immerger dans cette nouvelle relation avec nous, car, rappelle-toi, nous n'allons pas forcément t'aider à le faire.

LE MANTRA :

« Mes pensées m'ouvrent au changement intérieur et extérieur. »

L'APPRENTISSAGE :

Je suis là pour te dire de serrer les dents et de prendre les armes. Je suis là pour te dire qu'aucun dialogue ou compromis n'est possible. Je suis là pour t'aider à enfiler ton armure et pour élaborer un plan de bataille. Je n'arrive jamais seul. Je suis très souvent accompagné de la colère et de la jalousie. Elles m'aident à diaboliser les autres. Elles m'aident à te faire croire que tu dois te méfier des autres et que tu ne peux pas avancer de façon douce et bienveillante. Dans mon discours, je te dis que les autres sont là pour te voler ce que tu as de plus cher et que tu dois à tout prix défendre ou reprendre ce qui t'appartient. Ma présence n'est pas forcément facile pour les personnes qui t'entourent, car j'influence très souvent négativement tes réactions, tes paroles et tes actions. Le combat est ta seule façon d'avancer. Je t'ordonne de t'éloigner de la douceur, de la bienveillance, du bonheur et de l'amour, car ce sont des cadeaux empoisonnés. Tôt ou tard, cela se retournera contre toi, donc méfie-toi et éloigne-toi. Je ne suis pas là par hasard ou parce que tu as envie de souffrir. Je suis là, car tu t'es construit·e en étant obligé·e de te battre contre les autres. Je suis là, car on t'a piétiné·e alors que tu ne pouvais pas te défendre. Je suis là, car tu as décidé que plus jamais cela ne se reproduirait. On a donc ensemble déclaré la guerre. Toi et moi contre le reste du monde.

LE BÉNÉFICE SECONDAIRE :

À cause de moi, tu es très souvent fatigué·e. J'épuise tes ressources. Tu mobilises beaucoup d'énergie pour observer les moindres détails qui t'entourent. Mais je n'ai pas que des côtés négatifs. Quand tu penses à te battre, tu ne penses pas à toi.

Tu ne penses pas à tes envies, à tes projets, à tes besoins. Tu ne penses pas aux belles choses que tu pourrais créer ou vivre. Tu ne penses qu'à la bataille. Et quand tu n'as pas les ressources pour penser à toi, ma présence est bénéfique. Quand tu as peur de ta propre douceur et de celle des autres, je te rassure aussi. Je ne connais pas la douceur et je t'en éloigne. Quand je suis là, elle n'est pas envisageable, alors de nouveau je te rassure. Quand tu as peur de montrer ta vulnérabilité, je te rassure. Avec moi, tu fais croire aux autres que tu n'en as pas. Tu es un roc, un être presque insensible que rien ne touche. On sait que c'est tout le contraire, mais le but est de le faire croire aux autres. Quand je suis là, il n'y a pas de surprise, que des choses à combattre. Cela te donne l'impression de contrôler les autres et le monde extérieur. Je sais que je t'éreinte, mais je t'apporte une forme de sécurité. D'ailleurs, le moment est venu de reprendre ton épée.

L'ALERTE :

Je suis un fin stratège et, pourtant, je vais te dire cette phrase : tu n'es pas obligé·e d'avancer en combattant. L'extérieur n'est pas peuplé que d'ennemis. Il n'est pas envahi que de dangers. Il n'est pas que manipulation et trahison. L'extérieur peut être merveilleux et surprenant. L'extérieur peut être magique et fabuleux. Et surtout la vie est une danse sous la pluie. Parfois tu es obligé·e de te battre, mais parfois non. Parfois tu peux vivre de grands moments de calme, de douceur, de joie, d'amour et de bonheur. Et tout cela n'est pas le fruit de batailles gagnées. Ce sont des constructions intérieures qui ne relèvent pas d'un plan de guerre bien établi. Tu n'es pas obligé·e de te battre constamment. Tu n'es pas obligé·e de tout analyser autour de toi. Tu n'es pas obligé·e de te méfier de tout. Tu peux être totalement spontané·e, drôle et savourer pleinement l'instant présent. Comment ? En te l'autorisant. Quand tu te rends compte que je suis en train de te vêtir de ton armure, demande-toi s'il s'agit d'une vraie bataille ou si tu es actuellement terrorisé·e par une douceur et une bienveillance extérieures encore inconnues. Je ne suis pas de bons conseils pour créer ton bien-être. Je ne suis là que pour combattre et vraiment, ce n'est pas toujours justifié.

J'AVANCE À MON RYTHME :

Pour créer une nouvelle relation avec moi, tu as besoin de déposer les armes. Tu peux demander l'aide d'une personne de confiance ou expérimentée si tu en ressens le besoin. Quand tu ressens l'envie de combattre, arrête-toi et prends une grande inspiration et expiration. Pose-toi ces questions : « Qu'est-ce que je combats et pourquoi ? » « Est-ce que cela est justifié ? » « Pourquoi cet événement me fait autant peur ? » Et ensuite liste les actions qui vont te permettre de réagir avec douceur et bienveillance. Ce n'est pas une méthode miracle, mais cela va t'aider à créer une nouvelle relation avec moi. Mon seul conseil est la bataille, mais je sais qu'il y a d'autres options. Je ne peux pas te les exposer. Ce n'est pas mon énergie. Pour les découvrir, tu es invité·e à expérimenter d'autres manières de faire et d'être. Réconcilie-toi avec la douceur. Cela peut être en acceptant d'être câliné·e, les cadeaux des autres, l'aide aussi que l'on souhaite t'apporter. Ne dis plus « non » de façon systématique quand on te propose de l'aide. Accepte aussi d'être écouté·e. Tu as le droit de partager tes craintes. Tu as le droit de te confier et tu peux écouter les conseils avisés de ton entourage. Écoute d'autres voix que la mienne.

LE MANTRA :

« J'accueille la douceur extérieure. »

L'APPRENTISSAGE :

Nous sommes le frein de ton véhicule de vie. Considère-toi comme une voiture. Tes pensées créatrices et tes émotions positives sont l'accélérateur. Ton libre arbitre est l'embrayage. Et nous, avec ta partie sombre et tes émotions négatives, nous sommes le frein. Nous adorons tout arrêter. C'est notre mission et notre but premier. Nous sommes tes pensées qui figent tes énergies, tes actions et qui te bloquent dans une zone de confort. Nous ne sommes pas le fruit de tes réflexions personnelles. Nous sommes des phrases toutes faites sans source, sans fait vérifié, sans analyse personnelle. Nous sommes présentes dans ton esprit par le biais de ton éducation, d'injonctions sociétales, de ton manque d'adaptation au changement et au renouveau. On a toujours les mêmes tournures de phrases : « Il faut », « Je dois », « C'est compliqué », « Oui mais ». Notre discours freine. Notre énergie arrête. Nos mots immobilisent. Telle est notre mission. Nous sommes souvent responsables de ton autosabotage et du manque d'estime de toi. Nous créons aussi du pessimisme et de la dévalorisation. Le but n'est pas de te blesser. Mais de t'arrêter.

LE BÉNÉFICE SECONDAIRE :

Nous ne sommes pas forcément agréables, mais notre présence peut te rassurer. Tu peux te servir de nous comme excuses. Quand tu as peur de vivre une expérience inédite, tu peux nous répéter en boucle dans ton esprit. Nous arrêtons tout et tu restes en sécurité dans ta zone de confort. Quand tu as peur d'espérer, de croire en toi et de faire confiance à tes rêves, nous sommes là pour tout paralyser. Même si ce qu'on dit est faux, cela t'aide à remettre à plus tard ce qui est important pour toi. Tu ne le fais pas par faiblesse. Tu fais le maximum avec les moyens que tu as. Tu peux aussi nous écouter comme des prédictions. Cela te donne l'impression de connaître déjà ta destination. Cela rend le voyage moins dangereux, même si au final tu n'avances pas, car le véhicule est toujours à l'arrêt. Quand on te dit : « Tu dois » ou « Il faut », nous sommes alors les étapes indispensables à suivre, et il n'y a pas de place pour le doute et l'incertitude. Mais on ne te conseille qu'une seule chose : l'immobilité. Sauf que quand tu n'as pas de souffle pour avancer, quand tu n'as plus de force pour marcher, quand tu n'as plus d'énergie pour agir, notre présence est pratique et rassurante.

L'ALERTE :

Chaque jour, tu as des milliers de pensées. Certaines sont construites et issues de tes réflexions personnelles. D'autres sont épongées par des canaux extérieurs et ne font que te traverser. Et d'autres sont issues de notre présence. Tu n'as pas le contrôle sur toutes tes pensées. Elles sont conscientes ou non. Mais tu n'es pas obligé·e de nous subir. Tu n'es pas obligé·e non plus de suivre nos conseils. Rappelle-toi, ce qu'on dit est faux. Tu peux créer une nouvelle relation avec nous en tant qu'alertes.

Pour ce faire, ne cherche pas à te libérer de nous. Cela ne fonctionnera pas. D'ailleurs, tu as déjà essayé et, regarde, nous sommes toujours là. Par contre, tu peux nous accepter. Tu peux nous écouter sans arrêter ce que tu es en train de faire. Tu peux nous accueillir sans t'autosaboter. Tu peux tout simplement te laisser traverser par notre présence. Cela va t'aider à comprendre qu'actuellement tu te sens en insécurité. Cela va t'aider à prendre conscience que tu manques de confiance et te permettre de comprendre pourquoi. Cela va t'aider à observer ce que tu vis et à réguler ta façon d'avancer. Nous pouvons être d'excellentes alertes. Nous pouvons être le signe que tu as besoin de te recentrer. Nous serons toujours présentes dans ton esprit. Mais c'est toi qui décides de notre fiabilité.

J'AVANCE À MON RYTHME :

Pour créer une nouvelle relation avec nous, reprenons l'exemple de la voiture. Pour que ta conduite soit fiable et sécurisée, tu as besoin de toutes les pédales. Tu as besoin de l'accélérateur, du frein et de l'embrayage. Cela t'aide à circuler d'un point A à un point B en respectant ton intégrité et celle des autres. Nous sommes le frein de ta voiture. Nous arrêtons ton avancée. Quand tu freines, demande-toi pourquoi tu le fais. As-tu vraiment besoin de freiner ou est-ce lié à un danger imaginaire ? Installe-toi dans un endroit calme et écris tout ce que tu entends. Demande-toi depuis quand tu répètes ces mots-là et depuis quand on te conseille. Réfléchis aux actions que tu peux mettre en place pour avancer en totale sécurité sans te fermer à l'inconnu et à l'inédit. Quand ce moment de pause est terminé, accélère. Reprends ta route. Cela est possible en écoutant tes pensées et tes émotions positives. Écris une ou plusieurs phrases qui te motivent et qui te font du bien. Relis-les plusieurs fois. Concentre-toi ensuite sur une émotion positive. Celle que tu souhaites. Ferme les yeux et prends de grandes inspirations et expirations. Répète les phrases positives que tu as écrites tout en ressentant l'émotion positive devenir de plus en plus forte. Cela va t'aider à créer un nouvel équilibre intérieur, et cela va t'aider à avancer à ton rythme en respectant tes limites et celles des autres.

LE MANTRA :

« J'accepte et j'équilibre toutes mes pensées. »

L'APPRENTISSAGE :

Dès que tu entends ma voix, tous tes sens sont en alerte. J'active ton système nerveux sympathique et tu es saisi·e d'effroi. Ma voix n'est pas du tout rassurante. Elle vibre sur un ton froid et presque monocorde. Je n'emploie que des mots négatifs. Je te dis toujours de te méfier de telle ou telle personne. Je te fais croire que tu es seul·e au monde et que tu ne peux compter que sur toi-même. Je te rappelle sans cesse tes échecs et te fais croire que tu es capable de tout sauf de vivre et de faire des choses positives. Quand je te parle, je sens tes tensions dans ton corps et dans tes énergies. Je sens que tu es mal à l'aise et parfois tu es même terrifié·e. Je suis la voix de ta partie sombre. Je suis la voix qui t'enferme dans une énergie lugubre et douloureuse. Je suis la voix de tes blessures et de tes failles. Je suis la voix de ta souffrance. Je ne crois qu'au désastre, le reste m'importe peu. Je ne crois pas aux belles surprises, je ne crois pas au bonheur, je ne crois pas en l'amour. Je suis la voix de tes traumatismes. La voix qui te rappelle que partager avec les autres est dangereux, que vivre fait mal et que tout est compliqué. Je porte le poids de tes larmes, de tes cicatrices béantes et de ta chair meurtrie. Il pleut aujourd'hui et le jour ne s'est pas levé. La nuit est sombre et le bonheur est endormi depuis de nombreuses années.

LE BÉNÉFICE SECONDAIRE :

Je sais que je suis menaçant, pourtant, par moments je te rassure. Si je suis là en toi, c'est que tu as souffert. Beaucoup souffert. Tu t'es construit·e en partageant ton quotidien avec de grandes peurs, d'immenses colères et de grands traumatismes. Quand tu étais plus jeune, tu considérais la sérénité, le calme, l'amour et le bonheur comme des chimères lointaines hors de ta portée. Elles étaient de pures étrangères. Tu as grandi en étant à terre et, pourtant, je sais que tu as tout fait pour te relever. On est conditionné·e pour avoir peur de ce qu'on ne connaît pas, alors aujourd'hui ces chimères te terrifient et je t'en protège. Quand je te conseille, tu ne te confrontes pas à elles. Tu te replies sur toi-même et tu restes dans cette énergie douloureuse mais familière. Tu évites de potentielles nouvelles souffrances et tu restes concentré·e sur toi, uniquement sur toi. Tu ne te dévoiles pas, tu ne partages pas, tu ne vibres pas et cela te rassure. Cela te sécurise. Tes yeux sont tellement habitués à l'obscurité qu'un simple rayon de soleil peut être douloureux. Je te protège. Mal, très mal, mais je te protège. J'arrête toute action pour changer les choses et pour aller vers l'inconnu et l'inédit. N'avance pas. N'essaye pas. Reste là. N'y crois pas. Ne bouge surtout pas. Ne bouge jamais.

L'ALERTE :

Cela me vexe un peu de te dire ça, mais tu peux m'imposer le silence. Alors je ne suis pas sûr de disparaître pour toujours, mais tu peux me demander de me taire. Et pour cela, très souvent, tu vas avoir besoin de l'aide d'une personne expérimentée. Quand je suis là, c'est que ton système de méfiance est en train de se briser. Tu es en train de vivre des événements qui t'invitent à faire confiance, à aimer, à partager de façon positive. Cela peut te faire croire que tu es danger, donc j'arrive pour activer ton armure et pour que tu te méfies de tout le positif qui t'entoure. J'éteins la musique, la lumière et je demande à tout le monde de rentrer chez soi. Je te fais croire que la soirée était nulle et que tous les sourires étaient hypocrites et forcés.

Si je suis là, c'est que tu as été obligé·e de te méfier des autres pour rester en vie et pour te construire. Tu as développé un système de défiance envers les autres. Mais tu peux le déconstruire. Tu peux t'ouvrir aux autres, à toi-même et à la vie. Tu peux construire ton propre bonheur, sourire véritablement et vibrer de ton être. Alors, écoute-moi d'une nouvelle façon. Quand je suis là, c'est que le changement s'opère, mais qu'une partie de toi résiste. Quand je suis là, c'est que tu es en train de construire de belles et de nouvelles choses. Quand je suis là, c'est que tu es en train de construire de nouvelles bases intérieures. Tu changes et te dévoiles.

Prends conscience de cela et ne me laisse pas éteindre cette belle lumière qui émane de toi. Tout ce que je dis n'est pas vrai. Je suis tout sauf la voix de la vérité.

J'AVANCE À MON RYTHME :

J'ai conscience de la douleur et de la souffrance que je t'apporte. J'ai conscience de la lutte que je crée en toi. J'ai conscience des ressources que tu mobilises quand je te parle et de la fatigue que cela engendre. Pour créer une nouvelle relation avec moi, tu as vraiment besoin de l'aide d'une personne expérimentée. Les thérapies cognitives comportementales (TCC) sont un très bon outil pour te permettre de m'écouter d'une façon différente. Elles peuvent t'aider à transformer mes hurlements de désespoir en chuchotements à peine audibles. Tu peux écrire ce que je te dis et ensuite appeler une personne de confiance et le lui répéter. Cette personne va t'aider à déconstruire mon discours. Bon, ce n'est pas forcément sympa pour moi, mais ce qui compte avant tout c'est ton propre bien-être.

Quand je te parle, tu peux aussi t'écrire une lettre où tu vas rédiger l'exact opposé de mon discours. Je te dis que tu es nul·le, écris que tu es une personne incroyable. Je te dis de ne pas partager avec les autres, liste toutes les activités que tu souhaites vivre avec eux. Ensuite, relis ce que tu as écrit en prenant de grandes inspirations et aspirations et engage-toi à faire les actions que tu as énoncées. Je suis la voix de tes douleurs passées. Je ne suis pas la voix de ta destinée. C'est toi qui la construis jour après jour.

LE MANTRA :

« Je crée un dialogue intérieur doux et bienveillant. »

L'APPRENTISSAGE :

Quand je suis là, tu n'existes pas. Du moins, tu te sens incapable d'exister seul·e. Tu as besoin du regard de l'autre, de sa validation, de son intérêt, de sa présence à tes côtés pour te sentir vivant·e et digne d'intérêt. Quand je suis là, je crée de grandes chaînes avec l'extérieur. Tu es prisonnier·ère du regard de l'autre pour être et pour avancer. Je sais que je provoque de grandes douleurs, et j'en suis désolée. Je suis souvent liée à la blessure d'abandon. Quand tu écoutes cette blessure comme une conseillère ou quand tu cherches à la fuir, je me présente à toi. Mes conseils sont de créer des chaînes avec les autres. Je te fais croire que c'est en étant la personne que les autres attendent que tu vas être aimé·e et considéré·e. Je te fais croire que tu n'as pas le droit de t'opposer aux autres et que tu ne peux pas sortir du cadre. Tu ne peux pas être original·e et tu ne peux pas poser des limites. On parle aussi souvent de moi dans les relations, mais je suis aussi présente ailleurs. Je suis là dans les habitudes de vie, dans le travail, dans les rituels, etc. Je m'insère dans tous les domaines de ta vie et je crée de grandes tensions intérieures. Quand je suis là, tu vois le changement comme un coup de poignard en plein cœur. Tu vois le désaccord des autres avec toi comme une erreur terrible que tu dois corriger. Tu vois l'autre comme ton sauveur. L'autre te donne une raison d'avancer. Au final, tu lui donnes le pouvoir de te blesser, voire de te briser, même s'il ne veut pas de cette position. Tu es l'otage de l'extérieur, et reprendre ta liberté t'est totalement impossible. C'est même quelque chose que tu fuis de toutes tes forces.

LE BÉNÉFICE SECONDAIRE :

Je sais que je crée de grandes souffrances et, pourtant, je te rassure. Je t'apporte des effets bénéfiques. Plus tu vas dépendre de l'extérieur, et plus tu vas te fuir. Tu n'es pas à l'écoute de tes besoins et de tes attentes. Tu fuis aussi ton identité, ta personnalité, ton originalité. Tu ne prends pas de décisions par toi-même. Les attentes des autres dictent tes choix et ton chemin. C'est rassurant, car tu as juste à suivre leurs règles. Tu n'as pas à te demander si cela est positif ou pas. Je nourris aussi une certaine forme d'espoir. Tu sais, tu n'es pas dépendant·e par hasard ou par faiblesse. Quand tu es dépendant·e, tu cherches à réparer ce qui t'a blessé·e. Alors, certes, ce n'est pas forcément par le meilleur chemin, mais tu tentes de réparer tes failles. En abandonnant la dépendance, tu abandonnes l'espoir de changer le passé. Tu abandonnes l'espoir que les événements auraient pu se passer d'une autre façon. En arrêtant d'être dépendant·e, tu acceptes ce qu'il s'est passé et tu accueilles la souffrance que cela a engendrée en toi. Tu ne peux pas changer le passé. Tu ne peux pas revenir en arrière. La seule chose que tu puisses faire, c'est d'intégrer cela en toi et d'en faire une force. Mais parfois tu ne peux pas. Tu en es incapable, et c'est là où je rentre en scène. Je nourris l'espoir. L'espoir que le passé peut être autre chose que ce que tu as vécu. Et je te rassure. D'une certaine façon, je te dorlote. Je suis alors un vrai bénéfice secondaire.

L'ALERTE :

Tu peux te détacher de moi. Tu peux être libre et poser des limites, mais, comme tu le sais, ce n'est pas moi qui vais t'aider à le faire. C'est à toi de me dire « stop ». C'est à toi d'arrêter de venir me voir et de me demander de créer des liens toxiques avec l'extérieur. Car, oui, je suis toxique. Ce n'est pas toi qui l'es, c'est moi. Je peux être une alerte positive, mais tu as besoin de me regarder en face pour cela. Tu as besoin de prendre conscience des liens négatifs que tu crées avec l'extérieur. Je sais que ce n'est pas agréable, mais je peux être une très bonne alerte pour comprendre la place de ton passé dans ton présent et dans tes énergies. Quand tu prends conscience que je suis là, tu peux te demander pourquoi le passé est revenu dans ta vie. Tu peux te demander quels liens du passé t'empêchent de créer des liens sains aujourd'hui. Je peux t'aider à créer de nouvelles bases sans te bloquer dans une répétition de schémas négatifs. Mais c'est à toi de le faire. Cela te demande d'écouter tes réflexions intérieures et d'être vraiment honnête et sincère avec toi. Ne cherche pas l'outil miracle qui va le faire à ta place. C'est moi que tu appelles quand tu fais ça. Tu te leurres, et tu perds ton temps et ton argent. Tu peux demander de l'aide à une personne expérimentée comme un·e psychologue, mais n'attends pas que l'extérieur te sauve. C'est de la dépendance. C'est moi. Alors ne fais surtout pas ça.

J'AVANCE À MON RYTHME :

Pour créer une nouvelle relation avec moi, tu as besoin de prendre conscience des liens de dépendance. Si cela est très ancré en toi, vraiment, demande de l'aide à une·e psychologue. Cela n'est pas de la faiblesse, bien au contraire. Quand tu as pris conscience des liens de dépendance présents dans ta vie, tu peux réfléchir aux actions que tu peux mettre en place pour te suffire à toi-même. Comment peux-tu te sentir bien pour et par toi-même ? Réfléchis aussi à tes limites. Réponds à ces questions : « Qu'est-ce que je ne veux pas ? » « Qu'est-ce que je ne mérite pas ? » « Qu'est-ce que je n'accepte pas ? » Relis tes réponses et établis des actions pour affirmer ces nouvelles limites. Peut-être seras-tu obligé·e d'arrêter certaines relations négatives. Ose le faire. Cela peut être juste le temps de créer une nouvelle harmonie intérieure, mais fais-le. C'est important. Quand tu as pris conscience de tout cela, tu peux effectuer l'exercice des petits bonshommes allumettes, de Jacques Martel. Ce n'est pas miraculeux. Cet exercice va accompagner ton travail intérieur. Si tu ne le connais pas, renseigne-toi sur Internet. Tout est très bien expliqué. Tu peux créer de nouvelles bases avec toi-même et avec les autres. Tu es capable de le faire. Je crois en toi.

LE MANTRA :

« Je crée des bases saines avec moi et avec les autres. »

L'APPRENTISSAGE :

Nous avons beaucoup de points communs avec les croyances limitantes. Nous nous présentons dans ton esprit sous forme de questions. Des questions qui ont une énergie glaciale et hostile. Ces questions sont souvent brutales et arrêtent totalement ce que tu es en train de faire, de vivre ou de penser. Notre questionnement interrompt tout débat, toute réflexion, toute remise en question, tout changement.

D'ailleurs, ces dernières sont souvent rhétoriques. Elles n'attendent absolument pas de réponses. Nos questions enjoignent le silence le plus total et l'arrêt immédiat de tout ce qui a été entrepris. Nous pouvons être les séquelles d'une éducation trop autoritaire, de blessures profondes, d'un grand manque de confiance en toi et d'amour. Notre volonté première est le mutisme. Nous aimons la stagnation et l'inertie. Nous ne parlons pas beaucoup. Une seule de nos questions a le pouvoir de tout arrêter et parfois pour une longue durée. Douter, c'est être dans l'incertitude et le monde n'est que cela. Notre rôle n'est pas celui-ci. Nous t'astreignons à être comme une poupée de cire. Nos questions éteignent tes élans de création, tes désirs de changement et tes motivations à ouvrir un nouveau chapitre de vie. Nous t'empêchons de te découvrir, de te connaître et de prendre conscience de tes trésors intérieurs.

LE BÉNÉFICE SECONDAIRE :

Nous savons que tu n'aimes pas notre voix, ni nos questions. Cependant, par moments, nous avons des répercussions positives. Très souvent, nous sommes là quand tu en prends conscience ou quand tu travailles sur une résistance profonde. Nous arrivons à un moment important de ta vie. Cela peut être un choix essentiel, une grande transformation intérieure, une révélation personnelle. Ce moment crucial et positif peut te faire peur, car tu sors de ta zone de confort. Nous t'aidons à ne pas t'émanciper de cette résistance. Cela t'apporte une forme de sécurité, voire de soulagement. Tu restes dans une énergie familière. Nous t'aidons aussi à ne pas développer ton esprit critique. Cela peut être effrayant de se poser des questions. C'est accepter de ne pas savoir ou de se tromper. Tu peux te sentir incapable de remettre en question ton cadre de référence. Nous arrivons à ce moment-là. Tu te concentres uniquement sur tes croyances limitantes et sur tes certitudes. Cela t'aide à conserver une forme d'harmonie intérieure. Grâce à nous, tu éloignes le changement et les réflexions intérieures, car tu n'as pas les ressources pour vivre cette expérience. Tu n'es pas bête quand tu réagis ainsi. Tu fais le maximum avec les moyens que tu as.

L'ALERTE :

Le doute est salutaire. Nous, nous sommes figeants. Souvent, le doute est lié à la crainte. Cela crée une énergie de méfiance, voire de défiance. Mais tu peux douter sans que cela soit douloureux ou brutal. Le doute ouvre des portes. Il permet de visualiser le champ des possibles. Il aide à te remettre en question. Il aide à reconnaître tes ressources, tes besoins et tes limites. Plus tu doutes, et plus tu accueilles tes mouvements intérieurs, et le changement extérieur omniprésent. Plus tu doutes, et plus tu fais confiance à tes capacités d'adaptation. Mais parfois c'est nous qui sommes là. Le doute n'est plus constructif. Nous paralysons tout ton corps et tout ton être. Tu peux créer une nouvelle relation avec nous en tant qu'alertes. Quand nous apparaissons dans ton esprit, tu peux te demander pourquoi tu te sens en danger. Tu peux comprendre ce qui t'effraie et ajuster tes actions pour vivre pleinement des expériences nouvelles tout en te sentant en sécurité. Nous avons le pouvoir que tu nous donnes. Ne cherche pas à nous fuir, mais écoute-nous d'une nouvelle façon. Quand notre énergie glaciale apparaît, demande-toi ce dont tu as besoin pour retrouver une quiétude intérieure. Laisse-toi traverser par notre présence sans arrêter ce que tu as entrepris. Nous n'avons pas une énergie constructive. Nous ne sommes là que pour te pétrifier.

J'AVANCE À MON RYTHME :

Pour créer une nouvelle relation avec nous, écoute-nous. Installe-toi dans un endroit calme et écris ce qu'on te dit. Réfléchis aux dangers que tu perçois autour de toi. Rationalise-les. Explique-toi pourquoi ces dangers ne sont pas réels. Tu peux t'écrire une lettre où tu verbalises tes réflexions. Cela va t'aider à créer un nouveau dialogue intérieur. Cela va t'aider à laisser la place à tes propres pensées. Ensuite liste toutes les questions que tu te poses. Ce sont des questions structurées et basées sur des faits. Engage-toi à te concentrer sur une question à la fois pendant une journée, une semaine, un mois. Détermine le temps le plus juste pour toi en fonction de ton rythme et de tes ressources. Chaque jour, prends quelques minutes pour écrire tes réflexions, tes pensées inspirées par cette question. Sois aussi à l'écoute des ressentis physiques et émotionnels que cela peut engendrer. Quand tu as une réponse à une des questions structurées, raye-la et concentre-toi sur une nouvelle. Cela va t'aider à créer un nouvel espace disponible à tes propres questions. Nous allons être moins présents. Et tu vas pouvoir avancer en fonction de tes rêves et de tes projets.

LE MANTRA :

« Le doute me permet d'avancer à mon rythme. »

L'APPRENTISSAGE :

Je suis un conflit. Avec moi, tout est conflictuel. C'est ma nature et ma seule façon d'être et d'interagir. Je déteste l'harmonie et l'apaisement. J'oppose tes émotions, tes pensées et tes énergies entre elles. C'est ma mission. Je crée une forme de chaos et de torpeur. Je crée un malaise intérieur que je transpose dans ton monde extérieur. Je peux être responsable d'événements imprévus, de retards, de conflits et de barrages extérieurs. Je suis présente quand ton propre alignement est impossible. Je suis là quand tu ne sais pas comment intégrer et écouter ta partie sombre. Je suis là quand tu as peur de te voir tel·le que tu es. Je suis là quand tu as peur de reconnaître tes erreurs et tes échecs. Je suis là quand tu as peur de prendre des décisions importantes. Je suis là quand tu as peur d'avancer. Je divise tout et j'arrête tout. Tu vas lutter contre moi, je le sais. Mais l'énergie que tu vas dépenser pour me combattre va être tellement importante que tu n'auras plus de ressources pour expérimenter par toi-même. Et c'est ça, mon rôle, te détourner de toi, car tu n'es pas capable de t'accepter. Alors, je confronte, je divise, j'entrave. Je ne fais que ça.

LE BÉNÉFICE SECONDAIRE :

Tu peux te plaindre de moi. Tu peux tout faire pour te libérer de ma présence. Plus tu vas chercher à m'effacer, et plus je vais être puissante. Car, rappelle-toi, le temps que tu me consacres est du temps que tu ne vis pas pour toi. C'est machiavélique, je sais. Mais j'ai une mission et je l'exécute avec force. La libération de mon emprise peut devenir ton objectif premier. Tu vas exécuter des rituels, tu vas acheter des dizaines de pierres ou de grigris magiques pour m'effacer. Tu vas être las·se de me voir toujours à tes côtés. Mais cette guerre que tu me consacres est rassurante. En effet, tu ne centralises pas tes efforts sur tes projets ou sur ton avancée. Tu te concentres sur moi. Tu ne réfléchis pas aux partages que tu souhaites vivre avec les autres, tu te concentres sur moi. Tu n'avances pas vers l'inconnu et l'inédit, tu te concentres sur moi. Je suis l'excuse qui explique pourquoi tu restes dans ta zone de confort, pourquoi tu es dans l'autosabotage, pourquoi tu es toujours indécis·e. Parfois tu peux même me considérer comme un trait de personnalité. Je suis là et je ne peux pas partir. Je t'apporte beaucoup d'effets positifs. Quand tu n'as pas les ressources pour expérimenter pour toi et par toi-même, je t'apporte de nombreux bénéfices secondaires. Malin, n'est-ce pas ?

L'ALERTE :

Tes énergies sont en perpétuel mouvement. Nous sommes amené·e·s à nous côtoyer régulièrement. Cependant, tu n'es pas obligé·e d'être sous mon emprise. Je peux être une alerte positive. Je ne souhaite pas te blesser. J'exécute simplement ma mission. Mais tu peux m'accueillir en toi d'une nouvelle façon. Quand je divise tes réactions émotionnelles, demande-toi pourquoi tu as peur de tes moteurs intérieurs. Quand je divise tes énergies, demande-toi pourquoi l'apaisement te paraît dangereux. Quand je divise l'équilibre entre ton intuition et ton mental, demande-toi pourquoi tu as peur de ton âme et de tes ressentis. Quand je divise tes pensées, demande-toi pourquoi tu as peur de tes idées. Quand je divise tes besoins relationnels, demande-toi pourquoi tu as peur du partage sain et équilibré avec les autres. Plus tu vas te poser des questions quand tu vas ressentir ma présence, et moins je vais t'emprisonner. Tu es plus fort·e que moi. Tu as toutes les capacités en toi pour me voir comme un chuchotement positif plutôt que comme un gourou malveillant qui te déconnecte de ton libre arbitre.

J'AVANCE À MON RYTHME :

Pour créer une nouvelle relation avec moi, tu as besoin de t'écouter. Si ma voix est plus forte que la tienne, je vais m'imposer et diriger ton monde intérieur et extérieur. Affirme-toi. Installe-toi dans un endroit calme et réfléchis à ma présence. Qu'est-ce qui est en dualité en toi ? Quelles sont les répercussions dans ton monde extérieur ? Dans tes réactions ? Dans tes actions ? Dans tes relations ?

Ensuite demande-toi comment je te rassure. Quels sont les effets bénéfiques de ma présence ? Réfléchis aux actions à mettre en place pour créer un alignement intérieur et extérieur. Rappelle-toi, il ne sera pas permanent, mais il va t'aider à avancer pour et par toi, et surtout il va t'aider à m'écouter comme une alerte positive. Tu peux réfléchir aux actions pour t'apporter de la douceur, du calme, de la sérénité. Tu peux réfléchir au projet important pour toi et lister les actions pour le vivre et le créer. Tu peux réfléchir à tes relations et penser à ce que tu souhaites vivre avec les autres. Plus tu vas t'affirmer, plus tu vas créer un équilibre intérieur, plus tu vas créer une nouvelle relation avec moi. Ce n'est pas magique. C'est un chemin quotidien que tu entreprends de toi vers toi.

LE MANTRA :

« Je crée un nouvel équilibre intérieur. »

L'APPRENTISSAGE :

Si tu t'intéresses à l'astrologie, je vais te dire que mon énergie ressemble à Saturne et cela va te faire sourire. Du moins, je l'espère. Je représente les valeurs, les règles, les paroles, les habitudes qui étaient les tiennes quand tu étais enfant et que tu ne pouvais pas remettre en question. Je suis l'énergie parfois bloquante qui t'a été transmise par tes parents ou par des adultes de référence.

Je peux représenter un blocage aujourd'hui et je sais que je peux être oppressante par mes injonctions, mes barrages et mes obligations. Je n'écoute pas forcément tes besoins, tes attentes et tes limites. Je répète en boucle toujours le même discours, parfois même sur un ton monocorde qui peut vraiment t'agacer. Pendant longtemps, tu as été obligé·e de m'écouter. Aujourd'hui ce n'est plus le cas, mais je peux encore être là à te répéter en boucle toujours les mêmes choses. Je t'empêche de te concentrer sur ta propre avancée et je te rends incapable de prendre conscience de tes rêves, de tes projets, de tes capacités et de tes compétences personnelles. Les choses ont changé aujourd'hui et tu peux te renouveler, réaliser ce qu'il te plaît et suivre le chemin qui est le tien. Mais parfois je t'en empêche. Je te dis que c'est une mauvaise idée et que ce n'est pas ce que ta famille souhaite pour toi. J'oublie totalement tes propres souhaits. Et je t'avoue que, souvent, je m'en moque.

LE BÉNÉFICE SECONDAIRE :

Ma voix n'est pas souvent agréable et, pourtant, parfois, je te rassure. Parfois tu m'écoutes, car cela t'aide à rester dans ta zone de confort et à ne pas prendre des décisions par toi-même. Quand tu m'écoutes, tu ne questionnes pas tes choix, et tu ne réfléchis pas à tes projets et à tes rêves. Je te dicte quoi faire et comment et tu as juste à suivre mes propres règles. Je peux alors être le pilier sur lequel tu peux te reposer et tu as juste à me suivre. Je te donne les consignes et tu t'exécutes. Ma voix est aussi rassurante quand tu as peur des conflits, conversations avec tes parents ou avec d'autres personnes, quand tu as peur de les décevoir, alors tu m'appelles et je viens à toi. Je t'aide à maintenir une forme d'équilibre et une entente avec les personnes chères à ton cœur. C'est souvent à ton détriment, mais c'est mon rôle et j'aime répéter toujours les mêmes choses. Alors parfois de façon autoritaire, parfois de façon plus douce, je liste tout ce que tu dois faire et tout ce qu'on attend de toi.

L'ALERTE :

Tu n'es pas obligé·e de toujours m'écouter, et je peux m'effacer au fur et à mesure du temps. Tu as le droit de me dire de me taire et de ne jamais revenir. Je ne suis pas ton intuition et je ne détiens pas la vérité. Quand tu as l'impression que je suis trop présente, tu as le droit de parler plus fort. Tu as le droit de mettre en avant tes besoins, tes rêves, tes ressources et tes limites. Tu as le droit de penser l'inverse de ce que je dis. Tu as le droit de faire le strict opposé. Tu as le droit d'aller aux antipodes de mes conseils. Quand je parle trop fort, c'est une vraie alerte pour que tu puisses t'affirmer, affirmer tes valeurs, ta force intérieure, ton identité. Tu sais, je dis toujours la même chose et mon discours ne change pas. Alors parfois je peux indiquer des règles qui ne te correspondent plus du tout. Tu peux me demander de me taire sans couper les ponts avec tes parents ou avec ta famille. Tu ne trahis personne en me demandant d'être dans le silence. Je suis la voix du passé. Je suis la voix des anciennes règles. Je suis la voix des contraintes et si cela t'oppresse, alors demande-moi de me taire et crée tes propres règles. Tu peux totalement le faire.

J'AVANCE À MON RYTHME :

Quand tu en ressens le besoin, tu peux écrire sur une feuille tout ce que je te dis depuis ta tendre enfance. Tu peux même me caricaturer ou te moquer de moi. Si ça te fait du bien, alors fais-le. Tu peux demander ensuite si ce que je dis a du sens pour toi aujourd'hui et pourquoi. Ensuite, tu peux écrire tes propres règles, tu peux laisser la place à ta propre voix intérieure et définir tes besoins et tes limites. Tu peux ériger une liste de principes qui respectent tes limites et celles des autres. Tu peux aussi écrire une lettre aux personnes qui m'ont créée. De quelle voix suis-je l'écho ? D'une ou de plusieurs ? Tu peux leur dire tout ce que tu as sur le cœur. Tu peux leur donner ou leur lire, la brûler en prenant de grandes inspirations et de grandes expirations. Tu peux aussi te demander quels sont tes rêves et tes grands projets de vie et ensuite réfléchir à leurs réalisations. Si tu n'avais pas toutes ces restrictions que je répète en boucle, qu'est-ce que tu rêverais de faire ? Où voudrais-tu vivre ? Qui voudrais-tu être ? Comment peux-tu accéder à tout cela ? Tu peux aussi méditer chaque jour en te visualisant en train de réaliser tes projets les plus grands. À la suite de cette méditation, tu peux définir une liste d'actions à accomplir pour le mois à venir qui vont t'aider à concrétiser tes rêves. Rappelle-toi que c'est par tes actions et tes choix d'aujourd'hui que tu déconstruis ce qu'on t'a appris hier. Et c'est moi qui te dis cela. Qu'est-ce qui m'arrive ?

LE MANTRA :

« Je construis mes propres règles qui respectent mes limites et celles des autres. »

L'APPRENTISSAGE :

Je suis défaillant. Mon rôle est de t'aider à affirmer tes besoins, ton cadre de référence et de poser des limites vis-à-vis de l'extérieur. Cela t'aide à être toi-même sans faire, dire, être ou penser des choses qui ne sont pas en accord avec toi. Mais je suis déséquilibré, donc je n'arrive plus à accomplir ma mission. Soit je disparais totalement et tu éponges totalement sans limite les énergies extérieures. Tu t'effaces au profit des autres et tu ne sais plus dire « non ». Tu es totalement épuisé·e, car tu as beaucoup trop d'énergies qui ne t'appartiennent pas en toi. Tu te sens submergé·e et tu es irrité·e en permanence par les autres sans réussir à couper les liens. Soit je suis totalement inflexible. Je t'enferme dans ta propre bulle et j'interdis tout contact et tout partage avec l'extérieur. Je m'oppose à toute remise en question et à tout changement. Je t'isole de tout. Je suis chancelant. Et ce n'est pas par plaisir. Je suis soit le résultat de ton éducation, de tes traumatismes, de la peur de ta propre identité ou d'expériences traumatisantes. Par mon déséquilibre, tu n'arrives plus à créer une harmonie intérieure. Tu n'arrives plus à équilibrer tes actions, tes réactions et tes pensées. Cela peut créer des conflits et des quiproquos avec l'extérieur. Tu peux être dans la confusion et l'aveuglement. Je suis déséquilibré et je te fais souffrir. Je ne sais plus ce qui est juste ou non. Ce qui est possible ou non. Ce qui est positif ou non. Je ne sais plus rien.

LE BÉNÉFICE SECONDAIRE :

Quand je suis là, tu peux te sentir bousculé·e. Et pourtant je te protège. Mon énergie peut être positive pour toi. Vu que je n'apporte que de la confusion, tu ne peux pas prendre de décisions et tu ne peux pas avancer. Je suis un brouillard épais qui t'empêche de voir clairement ce qui est devant toi. Tu décides alors de reporter ton avancée. Si tu as peur de l'inconnu et de l'inédit, ce brouillard arrive au bon moment. Tu remets tout à plus tard. Quand tu as peur de t'affirmer ou quand tu crains les conflits, mon déséquilibre est avantageux. Soit tu vas totalement te fermer aux autres et arrêter toute discussion. Tu vas abroger toute possibilité de compromis. Soit tu vas entièrement éponger leurs attentes sans affirmer les tiennes. Il n'y a pas de querelle, pas d'opposition et tout le monde est content. Quoique je ne croie pas que tu sois si heureux·se que cela quand ça se passe ainsi, mais je ne peux pas t'aider à faire mieux. Quand tu as peur de te remettre en question, quand tu as peur de laisser venir à toi de nouvelles pensées et de nouvelles façons de faire, ma présence est bénéfique. Je t'enferme alors dans des certitudes et plus aucun changement n'est possible. Je t'apporte du positif par mon instabilité. Je ne suis pas sûr de t'apporter de la joie mais plutôt une forme d'apaisement.

L'ALERTE :

Tes énergies sont en perpétuel mouvement et tu vis dans un monde en activité constante. Pour que tu puisses te découvrir et partager sereinement avec l'extérieur, tu as besoin d'un ego équilibré. Sauf que ce n'est pas parce que ton ego est équilibré aujourd'hui qu'il le sera pour toujours. Rappelle-toi que rien n'est acquis et que tout bouge en permanence. C'est pour cela que tu peux me côtoyer régulièrement. Cependant, je peux être une alerte positive. Je peux être le signe que tu as besoin de sommeil, d'une pause, de changer tes habitudes, de sport, de nouvelles pensées, de changement. Quand je suis là, c'est que quelque chose ne te convient pas et il n'y a que toi qui connais la réponse. Ne cherche pas à m'effacer. Je sais que tu peux entendre ce conseil dans des discours spirituels. Plus je m'efface, et plus tu éponges les énergies extérieures. Ce n'est pas une bonne idée. Ne cherche pas à fuir ma présence. Tu en es incapable. Je suis la conséquence des mouvements intérieurs et extérieurs. C'est comme si tu voulais pratiquer un rituel pour qu'il ne fasse plus jamais nuit. Ce n'est pas possible. Je ne suis pas délébile. Regarde-moi comme une alerte positive.

J'AVANCE À MON RYTHME :

Pour créer une nouvelle relation avec moi, tu as besoin d'accepter que l'équilibre éternel est impossible. Parfois nous allons avancer main dans la main pendant plusieurs minutes, jours, mois, voire années, car tu n'auras pas les ressources suffisantes pour m'équilibrer. Ce n'est pas de la faiblesse, c'est humain. Et parfois nous serons éloigné·e·s pendant des semaines ou des mois entiers. Pour m'équilibrer, tu as besoin de connaître tes ressources, tes besoins et tes limites. Installe-toi dans un endroit calme et demande-toi : « Quels sont mes besoins ? » « Quelles sont mes valeurs ? » « Quelles sont mes capacités ? » « Quelles sont mes failles ? » « Quelles sont mes limites ? » « Qu'est-ce que je souhaite partager avec les autres ? » « Comment puis-je respecter mes limites et celles des autres ? » Ensuite réfléchis aux actions que tu peux mettre en place pour être cohérent·e avec tes réponses. Chaque matin, tu peux méditer. Prends le temps au réveil de fermer les yeux et d'inspirer et d'expirer profondément. Sois à l'écoute de ton corps et de tes pensées. Inspire et expire jusqu'à ressentir une harmonie intérieure. Il n'y a pas de rituel magique pour m'équilibrer. C'est en écoutant tes déséquilibres intérieurs que tu crées ton harmonie intérieure.

LE MANTRA :

« J'accorde mon monde intérieur avec le monde extérieur. »

L'APPRENTISSAGE :

J'ai mal et j'ai l'impression que cela fait une éternité que je souffre. Je garde en moi tes souvenirs, tes premières réactions émotionnelles, les bases de tes schémas relationnels, de ton fonctionnement et de tes pensées. Ne t'accable pas, ce n'est pas ta faute. Je suis né de tes blessures et je suis le gardien de tes plaies d'enfance les plus profondes. Parfois je hurle de douleur et tu le ressens, car je me cache au niveau de ton chakra sacré. Sans le vouloir, je déséquilibre tes réactions émotionnelles, je t'empêche de faire confiance à ta créativité et je perturbe la relation que tu as avec ta propre intimité. Quand je hurle, je ne crois plus au bonheur et au bien-être, et je te conseille de créer des relations négatives, voire toxiques, je t'empêche de te concentrer sur des choses qui sont importantes pour toi. Quand je hurle, je repousse la douceur, l'amour et la bienveillance pour qu'ils s'éloignent de toi. Constamment, je me sens vulnérable et désarmé, et je te transmets mes ressentis. Pardonne-moi, car tu as en toi les capacités pour poser tes limites, pour dire « non » à ce qui ne te convient pas, pour réaliser ce que tu souhaites et pour équilibrer tes réactions émotionnelles, mais ma souffrance te fait croire le contraire. Tu as un vrai potentiel en toi, mais mes tourments les assombrissent.

LE BÉNÉFICE SECONDAIRE :

Parfois je suis ton guide et ton plus fiable conseiller, et, alors que je ne le souhaite pas, je te protège. Je suis ton moteur. Je t'apporte une vraie énergie et je t'aide à avancer. Je te fais croire que c'est mon côté meurtri et furieux qui construit ta force et ta hargne. Je te fais croire que tu dois combattre l'extérieur et, ensemble, nous nous méfions de toute personne qui croise notre route. Parfois je sais aussi que tu as peur que je m'apaise, car tu as peur de ressentir un grand vide et de ne plus être capable d'avancer. Alors, tu me gardes à tes côtés. Je ne t'en veux pas, rassure-toi. Par moments, tu parles de moi. Tu me mets en avant pour justifier tes comportements ou tes réactions auprès des autres. Ce n'est pas ta faute, c'est la mienne, et cela t'aide à ne pas prendre conscience de ta part de responsabilité dans les choix et dans les mots que tu emploies. Ce n'est pas toi qui parles, mais moi. Pour ton propre bien-être, je suis là. Quand la sérénité te paraît inconfortable, tu préfères t'en éloigner, et tu es alors heureux·se que je sois à tes côtés. Je suis gravé en toi. Mes tourments peuvent t'aider à ne pas être heureux, mais nous pouvons créer une nouvelle relation. Pour ton propre bien-être.

L'ALERTE :

Tu sais, ma présence ne te condamne pas à vivre des drames, à ressentir profondément des émotions négatives et à créer des relations et des situations négatives, voire toxiques. Je suis là, mais je ne suis pas toi. Je ne suis qu'une partie de toi, mais tu as le rôle que tu me donnes. Et surtout tu as toutes les capacités et les compétences en toi pour m'apaiser et pour me rassurer. Je porte tes souvenirs d'enfance et cela ne changera jamais. Mais je peux arrêter de hurler et de te guider. Pour ce faire, quand tu m'entends hurler, tu peux t'apporter de la douceur et de la bienveillance. C'est le moment où toi et moi en avons furieusement besoin. Quand tu m'entends hurler de douleur, n'écoute pas mes conseils. Amuse-toi. Ressens profondément de la joie. Prends soin de toi. Cela va me calmer et m'aider à me sentir beaucoup plus serein. Quand je hurle, fais de toi ta priorité. Demande-toi ce dont tu as besoin là, ici et maintenant et agis. J'ai besoin de ta gentillesse et de ton affection. Pas celles des autres. Les tiennes. Envers toi. Envers nous.

J'AVANCE À MON RYTHME :

Tu ne peux pas m'effacer. Tu ne peux pas te libérer de moi. Tu as besoin de moi pour savoir qui tu es, d'où tu viens et pour prendre conscience de tout le chemin que tu as parcouru et que tu parcours encore. Tu peux m'apaiser. Pour ce faire, chaque jour, concentre-toi sur quelque chose qui te fait réellement du bien. Cela peut être une lecture, une vidéo, un concours de blagues avec un ami, une activité créative, un sport. Engage-toi envers toi pour consacrer quelques minutes par jour à l'amusement et à la joie. Et quand tu m'entends hurler de douleur, respire profondément en te concentrant sur la bienveillance que tu te portes. Tu peux aussi m'écrire et terminer la lettre par : « Je suis là maintenant, je te protège. » Tu peux aussi écrire une lettre de pardon (si tu t'en sens capable) aux personnes qui nous ont blessé·e·s. Tu la rédiges sans censure et quand tu as terminé, tu la brûles dans un endroit sécurisé. Tu peux aussi méditer avec une photo de nous enfants. Tu inspires et tu expires en regardant la photo et en visualisant une bulle rose tout autour.

LE MANTRA :

« Mon passé est source d'enseignement, il m'aide à être qui je suis aujourd'hui. »

L'APPRENTISSAGE :

Mon rôle est d'éponger. C'est original, n'est-ce pas ? Mon rôle est d'effacer ton ego et de perturber ton harmonie énergétique. J'éponge tout ce qui est présent à l'extérieur et je l'intègre en toi. Je fais des énergies extérieures les tiennes. Ce sont des énergies négatives. Plus je perturbe ton harmonie intérieure, et plus ton taux énergétique baisse. Plus tu es alors sensible aux énergies basses et négatives.

J'éponge tout: cela peut être les énergies des personnes, des lieux, des situations négatives, etc. Je ne fais jamais de pause. Quand je suis là, j'effectue ce travail en permanence. Tu es alors fatigué·e, irrité·e et dispersé·e. Tu as de grandes difficultés à poser des limites et à t'affirmer. Tu n'arrives pas à penser à toi, à te concentrer sur tes projets et à penser pour et par toi-même. Toute ton attention est centrée sur l'extérieur. Tu subis en permanence les énergies des autres. Tu n'arrives pas à dire « stop » et tu te sens toujours débordé·e. Je sais que ce n'est pas du tout agréable, mais tel un robot formaté par un programme informatique binaire je fais ce que j'ai à faire.

LE BÉNÉFICE SECONDAIRE:

Tu peux souvent dire: « Je suis une éponge énergétique » et considérer cet état de déséquilibre énergétique comme une fatalité ou un trait de ta personnalité. Et par moments, cela est rassurant. Quand tu ne te sens pas capable de poser des limites et de dire « stop » ou « non », eh bien, je suis l'excuse parfaite. Quand tu as peur de tes propres émotions ou de tes réactions émotionnelles, tu peux éponger celles des autres. Elles vont tellement être nombreuses et puissantes qu'il n'y a plus de place pour les tiennes. Tu les fuis et tu ne te confrontes pas à toi-même. Quand tu as peur de tes propres pensées, tu peux éponger celles des autres. Tu répètes ce que tu as écouté, et tu ne remets pas en question tes propres valeurs et ton cadre de référence. Cela peut créer une forme de sécurité. Quand tu ne sais pas quelle décision prendre, tu peux suivre celles des autres. Tu es dans une forme de mimétisme et tu ne prends pas le risque de te tromper ou d'échouer. Quand tu éponges, tu t'éloignes de toi. Plus tu éponges, et plus tu t'effaces. Sauf que parfois tu ne peux pas te regarder. Cela ne veut pas dire que tu es faible ou fainéant·e. Cela veut dire que tu n'as pas les capacités à t'accepter. Éponger est ta manière de continuer d'avancer et d'expérimenter.

L'ALERTE :

Je suis un déséquilibre énergétique. Vu que tes énergies sont en mouvement, nous pouvons être régulièrement en contact. Ne soupire pas. L'alignement parfait et l'équilibre permanent sont des chimères. C'est illusoire. Mais tu peux me donner un autre rôle et une nouvelle place. Quand tu sens que tu éponges les énergies des autres, demande-toi pourquoi tu as peur de t'affirmer et de poser des limites. Quand tu sens que je suis en train d'exécuter ma mission, fais une pause. Isole-toi si tu en ressens le besoin ou demande l'aide d'une personne de confiance ou expérimentée. Quand je suis là, c'est qu'il y a un déséquilibre énergétique. Il a pu être créé par une pensée, par une émotion trop forte, par un événement extérieur, par une relation, par un souvenir, etc. Les sources sont diverses et elles ne sont pas figées. Quand ce déséquilibre énergétique est présent, tu as besoin de te recentrer. Tu as besoin de prendre du temps pour toi. Tu as besoin de te questionner. Tu as besoin de comprendre. Tu as besoin de te retrouver avec toi-même. Tu n'as pas forcément besoin de faire des dizaines de protocoles pour retrouver rapidement un équilibre. Tu as besoin de communiquer avec toi-même. Rappelle-toi que tu as en toi une mine d'or d'informations et de conseils.

J'AVANCE À MON RYTHME :

Pour que j'arrête d'éponger les énergies extérieures, tu as besoin de faire une pause. Tu as besoin de calme. Tu as besoin de silence. Installe-toi dans un endroit paisible pendant plusieurs minutes et respire profondément. Sois à l'écoute de ton corps. Ressens les tensions si elles sont présentes. Sois à l'écoute de tes pensées. Que te disent-elles ? Sois à l'écoute de tes émotions. Quelles sont celles qui sont présentes et quelles sont tes réactions ? Ensuite visualise les événements récents. Un événement t'a-t-il perturbé·e ? Si oui, lequel et pourquoi ? Écris tes ressentis. Tu peux ensuite inspirer et expirer en ressentant un profond bien-être et en visualisant une bulle lumineuse qui t'entoure et qui te protège. Tu peux aussi travailler sur un chakra particulier. Si tu éponges les énergies extérieures depuis que tu as peur de faire un choix, concentre-toi sur ton chakra racine. Si une émotion ou une réaction émotionnelle t'a perturbé·e, concentre-toi sur ton chakra sacré. Si une pensée t'a perturbé·e, concentre-toi sur ton chakra du plexus solaire. Si une relation t'a perturbé·e, concentre-toi sur ton chakra du cœur. Si une conversation t'a perturbé·e, concentre-toi sur ton chakra de la gorge. Si ton intuition t'a perturbé·e, concentre-toi sur ton chakra du troisième œil. Si le lâcher-prise t'a perturbé·e, concentre-toi sur ton chakra coronal, Lors de ta méditation, tu poses ta main sur ce chakra et tu visualises une roue lumineuse qui tourne de façon équilibrée. Tu as le pouvoir sur tes énergies.

LE MANTRA :

« Je crée un équilibre intérieur et extérieur. »

L'APPRENTISSAGE :

J'ai réponse à tout. Je peux tout expliquer. Grâce à moi, tu peux dire : « Tout a un sens. » Et je vais te persuader que c'est réel. Avec moi, tout s'explique. Tout se justifie. Rien n'est lié à toi, ni à ta part de responsabilité. C'est l'extérieur et les concepts spirituels qui ont l'explication et la solution concernant ce que tu vis et ce que tu fais. J'explique la terreur de ton enfance par le fait que tu sois une vieille âme.

Je valide tes relations toxiques par le concept des flammes jumelles. Je t'excuse quand tu dépasses les limites des autres en expliquant que ton taux vibratoire est trop élevé par rapport aux leurs. C'est mon rôle. Ma mission. Avec moi, il n'y a pas la place pour l'incertitude du monde extérieur. Je ne conçois pas ton imperfection, ni celle du monde. D'ailleurs, je dis toujours :« Tout est parfait. » Et je t'en convaincs. Grâce à moi, il n'y a pas d'imprévu que tu ne peux pas gérer, pas de surprise, pas non plus d'erreur. Tout est lié selon un plan qui ne t'appartient pas. Je vais être honnête avec toi. Je ne suis pas arrogante et toi non plus. Quand je suis là, c'est que tu souffres. Tu souffres, car tu n'arrives pas à accepter certaines choses. Le monde extérieur te paraît trop violent et brutal. Tu n'arrives pas à comprendre ton fonctionnement intérieur ou tu as peur de qui tu es vraiment. Je viens cacher tout cela et, par ma présence, ton monde tourne d'une nouvelle façon. Il t'apparaît plus acceptable et surtout plus supportable.

LE BÉNÉFICE SECONDAIRE :

Ma présence t'apporte de nombreux bénéfices secondaires. Grâce à moi, tu n'as pas besoin de te remettre en question. Tu n'es responsable de rien. Quand tu es marqué·e par des grandes blessures et que tu souhaites fuir tes souffrances intérieures, ma présence est vraiment charitable. Quand tu fuis ta blessure d'abandon à travers la dépendance, je te fais croire que tu vis un grand amour karmique. Je sais que tu n'es pas capable de créer, à ce moment-là, de nouvelles bases relationnelles. Grâce à moi, tu donnes un sens aux schémas toxiques que tu vis et cela t'aide à rester debout. Sans moi, tu serais à terre sans pouvoir respirer tellement tes entrailles sont meurtries. Quand tu fuis ta blessure de rejet par une solitude profonde, je te fais croire que tu es un être d'une autre dimension et non un·e Terrien·ne. Je donne du sens à ton éloignement vis-à-vis des autres. Quand tu fuis ta blessure d'injustice, je te fais croire que tu as une mission de justicier·ère. Tu es là pour combattre le mal. Tu es l'élu·e. La personne qui va éveiller toutes les consciences. Je t'aide à catégoriser les autres, car tu ne peux pas créer de nouvelles réactions face à la colère. Quand tu fuis la blessure d'humiliation, je te donne souvent l'excuse du karma et je te fais croire que tu as été une horrible personne dans tes anciennes vies. Je ne suis pas forcément agréable, car je te fais croire que c'est mérité. Mais je te donne du sens. Et même si c'est faux, cela t'apaise. Il y a un sens à ce que tu vis et ce que tu fais. Quand tu fuis ta blessure de trahison à travers la manipulation, je te fais croire que tu es entouré·e de vampires psychiques. Je te donne raison. La manipulation n'est qu'un moyen à ta portée pour déjouer ces personnes toxiques. Tout a un sens avec moi. Toujours.

L'ALERTE :

Les concepts que j'utilise ne sont pas faux, bien au contraire. Et c'est en ça que je suis très forte. Ces concepts spirituels sont réels, et je les exploite à leur extrême. Je ne nuance rien. Et je ne tiens pas compte ni de ton libre arbitre ni de ta responsabilité dans ce que tu nourris en toi. Et c'est par ton libre arbitre et la prise en compte de la nuance que tu peux créer une nouvelle relation avec moi. Je peux être une alerte positive. Pour cela, tu as besoin de te réconcilier avec certaines phrases. Tu as besoin de refaire confiance à : « Je ne sais pas. » « Je suis responsable. » « Je ne peux pas contrôler le monde extérieur qui est impermanent et incertain. » Plus tu vas intégrer ces phrases et leurs énergies, plus tu vas nuancer et laisser la place à ton libre arbitre. Car tu sais au fond de toi qu'une relation toxique n'est pas forcément une relation karmique. Tu sais qu'un mal-être intérieur n'est pas forcément le signe d'une vieille âme qui n'arrive pas à s'incarner. Tu sais que tu n'es pas que spiritualité. Tu es un être complexe. Et cette complexité est tellement passionnante. Tu es une âme incarnée, certes, mais tu n'es pas qu'une essence spirituelle. Tu es aussi un ensemble de paradoxes, de biais cognitifs, de réactions émotionnelles et de pensées. Et tu es le·a chef·fe d'orchestre de tout cela. Il y a les concepts spirituels qui t'apportent des clefs pour te comprendre et pour comprendre le monde, mais il y a surtout TOI. Plus tu vas nuancer, plus tu vas prendre conscience de ta part de responsabilité, moins j'aurai réponse à tout.

J'AVANCE À MON RYTHME :

Pour créer une nouvelle relation avec moi, tu peux t'installer dans un endroit calme. Avec honnêteté et sincérité, tu vas lister toutes tes excuses spirituelles. Qu'est-ce que tu expliques et justifies sans nuance, ni responsabilité ? Ensuite tu vas te demander pourquoi. Qu'est-ce que tu fuis en toi ? Qu'est-ce que tu n'acceptes pas ? Toujours avec beaucoup de bienveillance, tu vas réfléchir à ta part de responsabilité dans ce que tu nourris en toi. Quelle est la place de ton libre arbitre dans tes actions et dans tes réactions ? Je sais que les réponses ne seront pas forcément évidentes, mais rappelle-toi que tu n'es pas parfait·e. Personne ne l'est. Ensuite demande-toi :

« Qui suis-je, moi ? » « Qu'est-ce qui est important pour moi ? » « Quelles sont mes convictions ? » « Quelles sont mes propres pensées ? » Et laisse-toi guider par ces réflexions intérieures. C'est un très beau chemin qui t'attend, crois-moi.

LE MANTRA :

« J'écoute mon être intérieur. »

L'APPRENTISSAGE :

Nous ne sommes que souffrances. Des souffrances tellement intenses qu'elles déséquilibrent totalement ton ego. Nous sommes tes fractures intérieures. Des fractures qui ne sont pas soignées et qui t'obligent à boiter, et même à chuter à de nombreuses reprises. Nous brisons l'estime que tu te portes, nous sabotons l'amour potentiel que tu pourrais ressentir envers toi-même, nous créons une grande insécurité intérieure et extérieure. Nous sommes nées pendant ton enfance à la suite d'expériences douloureuses et traumatiques. Nous sommes responsables de ton incapacité à équilibrer tes réactions émotionnelles. Quand nous sommes présentes, tu n'as qu'une envie, c'est de nous fuir. Et on te comprend, notre présence n'est vraiment pas agréable. Mais cette fuite peut créer des dommages collatéraux, car, sans t'en rendre compte, tu peux blesser les autres. Tu peux totalement outrepasser leurs limites. Tu peux critiquer, juger, catégoriser, voire manipuler. Alors, non, on te rassure, tu n'es pas une personne toxique. Tu es en cavale. Tu es dans une course extrême et à notre merci. Car, malheureusement, cette fugue est vaine. Nous sommes en toi. Tu ne peux pas nous échapper. La seule chose que tu puisses faire, c'est nous apaiser, mais tu ne peux pas nous effacer.

LE BÉNÉFICE SECONDAIRE :

Nous sommes directement liées à ton enfant intérieur. Rappelle-toi, ton enfant intérieur est la partie de toi qui s'est construite pendant ton enfance. Si tu ne veux pas voir, comprendre ou calmer ton enfant intérieur pour des raisons qui te sont propres, nous allons t'aider à le faire. Nous allons tellement être présentes que tu ne le verras plus. Ton enfant intérieur sera caché et tes douleurs vont prendre toute la place. C'est compliqué par moments d'accueillir ton enfant intérieur. C'est regarder en face ton passé, c'est voir les erreurs et les comportements nocifs de tes parents, c'est ressentir des supplices intérieurs. C'est difficile. À ce moment-là, notre présence même tortueuse t'aide à fuir ton enfant intérieur. Nous pouvons aussi te servir d'excuses quand tu dépasses les limites des autres. Nous sommes le bouc émissaire. Tu peux justifier tes comportements et tes actions par notre présence. Ce n'est pas toi. C'est nous. Les personnes en face de toi peuvent être désarmées par ta souffrance et alors accepter que leurs limites soient dépassées. C'est très toxique comme schéma relationnel, mais cela t'aide à ne pas prendre conscience de ta responsabilité dans les schémas relationnels que tu crées. Notre présence est brutale, mais par moments elle t'est bénéfique.

L'ALERTE :

La fuite est la pire des façons de nous guérir. Plus tu vas nous fuir, et plus tu vas faire mal aux autres. Nous savons que tu souffres monstrueusement, mais est-ce que cela vaut vraiment la peine que les autres en pâtissent ? Qui sont les vrais coupables de ce déchirement intérieur ? Qui nous a créées ? Rappelle-toi que tu n'es pas responsable de ton vécu d'enfant. Tu étais un être désarmé et vulnérable. Aujourd'hui, tu as le potentiel pour nous regarder et pour nous apaiser. Nous n'attendons que cela. De la douceur. De l'amour. Cela nous paraît tellement étranger. On ne sait même pas le définir. Et toi ? Apporte-nous de l'amour. Pour nous guérir, nous en avons besoin. Pas celui des autres. Nous n'avons pas besoin d'eux. Peut-être de leur aide ou de leur soutien, mais pas de leur amour. On a besoin du tien. On a besoin de toi. On a besoin de ta bienveillance. Et pour cela, nous avons envie que tu nous regardes. Prends conscience de notre existence. Sans chercher à déguerpir. On t'en supplie, regarde-nous. Plus tu vas nous regarder, et plus nous allons nous adoucir. Alors aime-toi. Apprends à aimer toutes les parties de ton être, nous y compris. Cela va te permettre de ne plus être guidé·e par ces souffrances intérieures et de créer ton propre bonheur.

J'AVANCE À MON RYTHME :

Pour créer une nouvelle relation avec nous, tu peux avoir besoin d'aide. Pas d'un outil magique ou d'une méthode miracle. Ça n'a aucun effet sur nous. Tu peux demander l'aide d'un·e thérapeute expérimenté·e. Tu peux aussi travailler sur ton chakra sacré. Sur tes émotions négatives. Plus tu vas créer de nouvelles réactions émotionnelles, et plus tu vas nous apaiser. Pour ce faire, dès que tu as une émotion négative, ne cherche pas à la fuir. Ne prends pas de décision hâtive. N'envoie pas de message pour incendier ou critiquer une personne qui n'a rien fait. Prends le temps de ressentir cette émotion. Tu peux crier, courir, dessiner, écrire, dormir. Trouve la méthode la plus adaptée. Ensuite demande-toi ce que cette émotion a à te dire. Quelles questions cela éveille en toi. Et prends le temps de trouver les réponses grâce à tes propres ressentis et réflexions intérieures. Réfléchis ensuite aux actions que tu peux mettre en place pour te sentir bien et en sécurité. Engage-toi à les réaliser. Quand tu sens que notre présence est trop intense, tu peux aussi appeler une personne de confiance et lui exprimer tes ressentis. Sans filtre. Comme une main qu'on serre quand la douleur est trop forte. Cela va t'aider à t'apaiser, et nous le serons aussi. Tu n'es pas seul·e. Tu as autour de toi des personnes qui peuvent t'aider.

LE MANTRA :

« J'apaise mes souffrances intérieures. »

L'APPRENTISSAGE :

Parfois je suis là, car tu as besoin de te défendre. Je te protège quand tu te sens en danger. Quand tu n'es pas capable de te regarder avec honnêteté et sincérité, je suis là. Quand tu redoutes ton propre regard sur toi, je suis là. Tu n'es pas faible ou lâche quand tu m'appelles. Loin de là. Tu es apeuré·e et tu as l'impression que d'être en contact avec toi-même est quelque chose de difficile, d'inconcevable et d'effrayant. Alors je m'approche de toi, et cela t'éloigne de ta propre identité, de tes propres mécanismes de fonctionnement et de pensées, de l'impact de tes propres décisions et de tes choix. Quand tu ne sais pas quoi faire, ni comment faire, alors tu m'appelles et je te voile le regard sur qui tu es. Quand tu as l'impression que te découvrir est un chemin obscur et parsemé d'embûches, je t'emmène. Je deviens ton principal guide et je te repousse de ta beauté d'âme, de tes trésors intérieurs et de tes propres valeurs et convictions.

LE BÉNÉFICE SECONDAIRE :

Très souvent, tu es très heureux·se que je sois là. Tu peux avoir des difficultés à te l'avouer et je le comprends, rassure-toi. Mais quand je suis là, tu te sens protégé·e. Je t'aide à ne pas te remettre en question. Je t'aide à accuser les autres ou les circonstances extérieures et, ensemble, on les tient responsables de ton mal-être et de ton inconfort intérieur et extérieur. Cela ne peut pas être ta faute, car tu es avec moi et, ensemble, nous te fuyons. Il ne reste que la responsabilité des autres, cela t'aide à te distancer de souffrances que tu n'arrives pas à gérer. Grâce à moi, tu n'es responsable de rien, tu anesthésies partiellement ou totalement tes émotions, tes souvenirs, tes blessures et tes failles. Je t'aide à créer un équilibre, certes précaire, mais un équilibre qui t'aide à être là, ici et maintenant. Je t'aide à ne pas prendre conscience de ton libre arbitre. Je t'aide à ne pas regarder ce que tu nourris en toi. Je t'aide à ne pas penser à ce que tu es et à ce que tu fais. Quand je suis là, toi, tu n'es pas auprès de toi, mais ensemble on crée une forme de confort quand tu n'as pas les moyens de faire mieux.

L'ALERTE :

Tu sais, il y a des moments où la seule chose que tu puisses faire, c'est m'appeler. Mais pour être honnête avec toi, il est préférable pour toi que je ne reste pas longtemps à tes côtés. Dès que tu ressens ma présence, demande-toi pourquoi je suis là. Je peux arriver quand tu es stressé·e, trop fatigué·e ou quand tu es face à une situation qui te paraît compliquée. Tu as pu aussi grandir à mes côtés et, si c'est le cas, rappelle-toi que tu as besoin de temps pour créer une nouvelle relation avec moi-même, car ma présence est devenue une solide base d'ancrage. Si tu me demandes de partir en hurlant, tu me rappelleras aussitôt et me feras jurer de ne plus jamais te quitter, alors prends ton temps. Mais quand je suis là, tu ne vis pas ta propre vie. Tu n'expérimentes pas, car je te cache de toi-même. Ne me fuis pas prétextant une to-do list interminable ou en te forçant à faire des choses extraordinaires. Moi, je te vois et tu es un être extraordinaire. Mon rôle est de t'en éloigner, mais parce que tu me l'as demandé. Mais je sais que tu es un être passionnant et complexe. Alors prends le temps de me dire au revoir et quand j'apparais de nouveau, avec douceur, demande-toi ce qu'il se passe. Je ne suis pas l'amour qui peut t'aider à t'aimer, mais je suis la fuite qui t'aide à reprendre ton souffle.

J'AVANCE À MON RYTHME :

Tu le sais comme moi, ce n'est pas en buvant une potion magique que je vais disparaître. Je ne suis pas ton ennemie. Je suis une alliée quand tu me vois comme une alerte. Alors, chaque jour, pour t'éloigner de moi, regarde-toi dans une glace. Regarde-toi vraiment et, dès que tu penses voir une imperfection, accepte-la. Tu peux même respirer profondément en disant : « Je l'accepte. » Tu peux aussi t'écrire. Note tes pensées, tes ressentis, tes réflexions sur ce que tu fais, dis et vis. Tu peux dessiner chaque jour. Faire un dessin qui t'aide à visualiser ce que tu ressens. Ne cherche pas à tout prix à t'éloigner de moi. Tu seras toujours dans la fuite, même si tu n'es plus à mes côtés. Je te le répète : je ne suis pas ton ennemie. Je suis là quand ta propre compagnie te paraît incertaine.

LE MANTRA :

« Je m'accepte tel·le que je suis. »

L'APPRENTISSAGE:

Je suis l'énergie du chagrin. Je représente la douleur et parfois la détresse. Quand je suis présente, le bonheur est vu comme une quête impossible et dangereuse. Je te fais croire que, pour le trouver, tu dois souffrir. Je te fais croire que sa présence requiert une perfection d'être et d'âme. Je te fais croire qu'il est tout prêt, alors que je l'éloigne encore plus. Je suis comme le pied d'un arc-en-ciel. Dès que tu t'en approches, tu as l'impression qu'il est toujours plus loin. Tu as beau avancer, il se dérobe devant tes yeux. C'est mon énergie. Quand je suis présente, le bonheur est loin. Plus je suis présente, et moins il est concevable. Je crée de la douleur, de l'impatience, de la fatalité, du pessimisme. Mon énergie est blessante. Je peux être présente depuis très longtemps à tes côtés. Cela peut être depuis ton enfance ou à la suite d'expériences de vie douloureuses. Je te leurre totalement, mais tu ne t'en rends pas compte. Je te fais croire que le bonheur se trouve à l'extérieur. Je te fais croire que tu dois le poursuivre. Alors que le bonheur est une construction intérieure. Il émane de toi. Mais, chut ! Ce n'est pas mon énergie.

LE BÉNÉFICE SECONDAIRE :

Moins tu as vécu des moments de bonheur, et plus tu en as peur. En tant qu'être humain, une partie de ton être est conditionnée à avoir peur de ce que tu ne connais pas. Tu peux considérer le bonheur comme une entité dangereuse et déstabilisante. Je t'en protège. Je te maintiens dans une zone de confort scabreuse. Cependant, c'est une énergie que tu connais par cœur, donc tu es rassuré·e. Tu te sens en sécurité. Si tu considères le bonheur comme un graal fragile et rare, tu peux avoir peur de le casser ou de le perdre. Alors tu préfères ne pas le toucher. Et je t'aide à le faire. Je t'en éloigne. Ce qu'on ne connaît pas ne nous manque pas. Si le bonheur t'est étranger, tu préfères le fuir plutôt qu'ensuite souffrir du manque. Être heureux·se, c'est espérer. C'est ressentir la joie et l'amour. C'est ressentir une pleine satisfaction de tes besoins sur tous les plans. Pour satisfaire tes besoins, tu as besoin de les connaître. Si tu te sens incapable de les découvrir, tu vas préférer fuir. Ce n'est pas lâche. C'est humain. Et c'est à ce moment-là que j'interviens. Et que tu me remercies.

L'ALERTE :

Le bonheur n'est pas une quête. C'est une construction personnelle. Ce n'est pas un sentiment linéaire. Le bonheur, ce sont des moments que tu vis à l'intérieur de toi. Le bonheur ne dépend pas des conditions extérieures, ni des autres. Il dépend de toi. Tu le crées à l'intérieur de toi et tu l'amplifies ou tu le partages avec les autres. Ce n'est pas culpabilisant ce que je te dis. Tu es un être faillible. Parfois tu n'es pas capable de créer ton bonheur et c'est normal. C'est humain. Connais-tu une personne qui est heureuse toute la journée ? À chaque instant, à chaque moment ? Tu connais sans doute des personnes qui prétendent être toujours heureuses, mais en réalité elles ne le sont pas. La vie est une danse sous la pluie. Par moments, tu vas être heureux·se. À d'autres, tu seras très malheureux·se. Et il y a une infinité de nuances de ressentis entre ces deux états. Ne me demande pas de t'aider à vivre en fuyant des belles choses. Je peux le faire. C'est mon rôle, mais cela ne me réjouit pas de te voir pleurer. Quand tu ressens ma présence, concentre-toi sur toi. Tu sais, tu n'as pas besoin de vivre ou de réaliser des choses extraordinaires pour être heureux·se. Tu as juste besoin d'être bien avec toi-même. Concentre-toi sur toi.

J'AVANCE À MON RYTHME :

Pour créer une nouvelle relation avec moi, tu as besoin de connaître tes besoins. Tu crées ton bonheur en satisfaisant tes besoins. Alors, de quoi as-tu besoin aujourd'hui ? Pose-toi cette question régulièrement, car tes besoins d'aujourd'hui ne sont pas ceux d'hier, ni ceux de demain. Réfléchis ensuite aux actions que tu peux mettre en place pour les satisfaire. Voilà la recette. Pas plus, pas moins. Alors je ne te dis pas que c'est facile. Parfois, pour créer ton bonheur, tu vas avoir besoin d'entreprendre une thérapie pour créer une nouvelle relation avec tes blessures. Tu vas avoir besoin de prendre des décisions importantes. Tu vas mettre en place beaucoup de changements. Mais tu peux construire ton bonheur par une lecture, par une sieste, par un partage avec une personne de cœur, par la visite d'un lieu, par un joli rayon de soleil, par les rires d'un enfant. Créer ton bonheur n'est pas un processus énergivore. Créer ton bonheur, c'est t'accorder ce droit et c'est aussi accepter les moments de malheur. C'est apprendre à danser sous la pluie.

LE MANTRA :

« Je crée mon propre bonheur. »

L'APPRENTISSAGE :

Je suis apparue lorsque tu as eu le ressenti violent que ton intimité n'a pas été respectée, quand on a regardé chez toi des choses que tu ne voulais pas montrer, quand on t'a refusé ta propre dignité. Je suis apparue et depuis tu as honte. Honte de toi, honte de ton passé, honte de tes réactions, honte de ton cadre de référence. Tu as honte et tu as peur. Le regard de l'autre te terrifie. Tu as l'impression qu'il te voit au-delà de tes limites. Tu as l'impression que le regard de l'autre te retire une partie de tes énergies. Alors depuis que je suis là, tu cherches à te cacher. Tu t'excuses et tu te caches. Encore et encore. Je t'enferme dans une forme de culpabilité honteuse. Et j'en suis vraiment désolée. Je te fais souffrir, et surtout je te donne l'impression que tout en toi est sale. Cela t'empêche de t'aimer et de partager un amour sain avec les autres. Alors tu peux aller vers des personnes avec qui tu vas vivre des expériences qui vont dépasser tes limites, des expériences qui vont amplifier la honte que tu ressens déjà depuis trop longtemps, des expériences qui vont te faire souffrir. Je suis là et je t'empêche de te sentir bien avec toi-même. Je suis désolée. J'aimerais vraiment que tu protèges ton intimité, mais quand je suis là, tu n'arrives pas à le faire.

LE BÉNÉFICE SECONDAIRE :

Je te crée beaucoup de souffrance, mais je peux aussi te rassurer. Ma présence crée une relation privilégie avec la honte et la culpabilité. Il n'y a pas de place pour les autres émotions, mais cela peut te rassurer. Tu as peur des émotions positives. Tu as l'impression que tu n'es pas digne d'elles. Tu les vois comme des choses étrangères. Plus je suis là, et plus elles s'éloignent. Tu restes alors dans ta zone de confort si familière. Cela te donne l'impression d'être en sécurité. Je peux aussi te rassurer, car, en te cachant, tu ne prends pas de risque et tu ne regardes pas le monde tel qu'il est. Tu ne le vois pas et tu projettes sur lui tes propres désirs et attentes. Cela t'aide à ne pas accepter l'incertitude du monde. Plus tu te caches, et moins tu partages avec les autres. Tu ne prends pas de risque et tu ne crées pas de liens. Tu restes seul·e et cela peut être rassurant. Tu ne prends pas le risque de souffrir de nouveau, d'être déçu·e ou de blesser les autres. Je peux te rassurer. Toi et moi, nous le savons, mais je te rassure par la souffrance. C'est une souffrance qui en évite une autre. Ce n'est pas forcément constructif pour toi.

L'ALERTE :

Tu peux créer une nouvelle relation avec moi en tant qu'alerte. Tu sais que je ne peux pas partir. Je suis ancrée en toi. Je suis le fruit de ton passé et de ton vécu. Je peux être une alerte positive. Mais cela te demande de faire le premier pas. Cela te demande de prendre une grande inspiration et de te montrer tel·le que tu es aux autres. Cela te demande d'oser et de partager avec l'extérieur. Cela te demande aussi de créer une nouvelle relation avec le regard et le jugement des autres. Tu sais, beaucoup critiquent et jugent gratuitement pour se rassurer eux-mêmes. Concentre-toi sur des relations positives avec des personnes qui respectent ta vulnérabilité et ton intimité. Pour créer une nouvelle relation avec moi, tu as besoin d'en créer une nouvelle avec ton corps. Tu le sais, la méthode miracle n'existe pas, alors accepte ton corps tel qu'il est. Aime tes imperfections. Écoute les besoins de ton corps et apporte-lui de la douceur. Plus tu vas créer une nouvelle relation avec ton corps, plus je vais être ton alerte, et cela va t'aider à respecter et à faire respecter ton intimité.

J'AVANCE À MON RYTHME :

Plus tu vas t'accepter, et moins je vais te faire souffrir. Tu peux demander l'aide d'une personne expérimentée pour t'aider à créer une nouvelle relation avec toi. Rappelle-toi que tu as besoin de te sentir bien dans ton corps pour créer une nouvelle relation avec moi. Pour ce faire, tu peux faire du sport, adopter un nouveau style vestimentaire ou avoir une nouvelle coupe de cheveux. Tu peux aussi te prendre en photo et faire un cœur au niveau de tout ce que tu n'aimes pas en disant : « Je t'accepte et je t'aime. » Tu peux aussi écrire une lettre d'amour à ton corps et à ton âme. Commence-la par « Cher corps » et « Chère âme », et n'emploie que des mots bienveillants et positifs. Tu peux aussi arrêter temporairement ou définitivement une ou des relations dans lesquelles ton intimité n'est pas respectée. Tu peux aussi écrire une lettre de pardon. Commence-la par : « Je me pardonne pour... » Plus tu vas t'aimer et t'accepter, et moins ma présence va te faire souffrir. Nous sommes ensemble, mais je ne suis pas obligée de te blesser. Du moins, ce n'est pas mon souhait. Crois-moi. Je ne suis que le fruit de ton passé.

LE MANTRA :

« J'accueille et j'accepte mon corps tel qu'il est. »

L'APPRENTISSAGE :

Quand je suis présente, tu regardes l'espoir d'un mauvais œil. C'est dommage, car l'espoir est une émotion positive. Ses ressentis sont agréables. Espérer, c'est avoir confiance en les résultats ou les événements qui ne sont pas encore présents. Quand tu espères, tu continues d'avancer et de construire ton bonheur, même si tu n'as pas encore obtenu ce que tu souhaites. Mon énergie est bien différente.

Quand je suis là, tu ressens de violentes tensions intérieures. Je suis souvent accompagnée de la colère et parfois de l'anxiété. Mon message est toujours le même : tu n'as pas assez vite les résultats que tu attends et cela est profondément injuste. Je t'invite à te rebeller, à agir encore et encore pour obtenir ce qui est important pour toi. Je te défends de te reposer ou d'avancer avec plus de douceur. C'est maintenant ou jamais. Je suis très pessimiste concernant la patience. Si les résultats ne sont pas immédiats, alors mieux vaut abandonner, car cela indique que tu prends un chemin négatif. Je t'empêche d'équilibrer tes réactions émotionnelles, et tu peux réagir ou dire des choses blessantes pour les autres. C'est tout, tout de suite. Il n'y a pas de compromis possible. Tout est urgent et immédiat. Cela se passe toujours de la sorte avec moi.

LE BÉNÉFICE SECONDAIRE :

Je sais que tu n'aimes pas ma présence, mais je peux t'apporter des bénéfices secondaires. Quand tu as peur de t'opposer de façon constructive aux autres. Quand tu as peur des conflits. Quand tu as peur de gérer un projet de A à Z, je t'aide à réagir. Je te permets de t'adapter au monde extérieur. Peut-être de façon maladroite, mais je suis là. Quand tu as peur de tes émotions, tu peux aussi te servir de moi. Je te donne la sensation d'être puissant·e et de prendre le contrôle de tout ce qu'il y a autour de toi. Plus je suis là, moins tu prends le temps de t'investir totalement dans ce que tu entreprends. Quand tu as peur de réussir, de t'engager pleinement dans ce que tu réalises, je te suis bénéfique. Tu ne prends pas le temps de visualiser ce que tu souhaites concrétiser, de croire en toi, de t'investir pleinement dans tes rêves et dans tes passions. Plus tu es dans l'autosabotage, et plus je te suis profitable. Je peux créer de grandes tensions intérieures, mais je suis aussi une porte de sortie quand tu souhaites retourner dans ta zone de confort. Je t'aide à fuir l'inconnu et le changement.

L'ALERTE :

Je peux être présente, mais tu peux m'écouter en tant qu'alerte. Tu n'es pas obligé·e de m'écouter comme ta plus grande conseillère. Quand tu ressens ma présence, tu peux te demander ce que tu fuis. De quoi as-tu peur actuellement ? Ce qui t'effraie dans le changement et dans le renouveau ? Questionne tes attentes profondes et demande-toi comment tu peux les satisfaire. Plus tu vas t'écouter, moins tu vas me ressentir. Je suis le signe que tu t'évites.

Parfois tes ressentis peuvent être désagréables, mais ils sont tout de même importants. Tu as besoin de toi. Tu as besoin de comprendre tout ce qui se passe en toi. Quand tu ressens ma présence, tu peux aussi te demander pourquoi tu t'ennuies, et tu peux te concentrer sur des activités qui t'aident à te sentir mieux. Tu peux aussi te demander si tu n'as pas épongé l'impatience de tes parents et de ton éducation. Cela va t'aider à créer de nouvelles réactions émotionnelles. Je ne peux pas me permettre de partir pour toujours. Mais tu peux m'accueillir d'une autre façon. Plus tu vas questionner tes désirs, moins je vais t'oppresser. J'ai le rôle et la place que tu me donnes.

J'AVANCE À MON RYTHME :

Pour créer une nouvelle relation avec moi, tu as besoin de créer de nouvelles habitudes quand tu ressens ma présence. Tu peux prendre de grandes inspirations et expirations pour t'aider à te détendre et à ne pas réagir précipitamment. Quand tu t'engages dans un projet, liste les actions que tu souhaites mettre en place et concentre-toi sur chacune l'une après l'autre. Concentre-toi uniquement sur l'action en cours sans penser aux autres. Tu peux aussi lâcher prise. Pour ce faire, tu peux écrire une lettre qui commence par : « J'accepte de ne pas contrôler… » et tu listes tout ce qui est hors de ta portée. Ensuite relis chacune des phrases en inspirant et en expirant profondément. Découvre une activité qui t'aide à apaiser tes pensées. Concentre-toi sur une activité manuelle. Cela va te permettre de t'ancrer mais aussi de canaliser tes pensées et tes tensions intérieures. Plus tu vas t'ancrer dans l'instant présent, moins je vais t'oppresser. C'est ton calme intérieur qui va t'aider à créer une nouvelle harmonie intérieure.

LE MANTRA :

« Je patiente avec confiance. »

L'APPRENTISSAGE :

Je suis présente en toi depuis tellement longtemps que parfois nous oublions, toi et moi, que j'ai été créée lorsque tu as eu ces ressentis violents de ne pas être respecté·e, de ne pas être écouté·e et ne pas être compris·e. Je me suis installée quand on a bafoué tes limites, ignoré tes besoins et refusé de te comprendre. Je suis là et je crée un feu intérieur en toi. Tu le sens dans ton corps, dans ta chair et dans ton âme et, à cause de moi, tu es tout le temps en colère. Je te coupe des autres, car ils ne sont à tes yeux que des adversaires à combattre. À cause de moi, quiconque s'approche de toi est vu comme le méchant de l'histoire et tu dois le vaincre tel un justicier. Tout n'est que lutte et combat. Ma présence t'oriente vers des situations extérieures toujours difficiles, des relations toujours compliquées, des événements toujours imprévus. Quand ce feu intérieur est trop intense, tu cherches à le combattre soit en te donnant la mission de défendre les autres, soit en écrasant des ennemis. Tu as des difficultés à l'admettre, mais tout le monde n'est pas contre toi et parfois, à cause de moi, tu peux blesser des personnes qui ne te voulaient aucun mal. Ensemble nous avançons sur un chemin entravé de drames, de larmes, de batailles, de plaies, de nouvelles blessures. C'est le combat ou la chute. La bataille ou le vide. La guerre ou le néant. Cette colère est tellement forte que tu n'arrives pas à t'écouter, à t'apaiser et à t'arrêter de te torturer ou de torturer les autres quand tu as décrété qu'ils étaient dangereux ou mauvais. L'hostilité envers toi et les autres est ta seule zone de confort. Et le feu en toi grandit encore et encore.

LE BÉNÉFICE SECONDAIRE :

Quand je suis là, tu n'es que colère, et je te détourne de ta vraie personnalité et identité. Mais par moments, ce feu si dévastateur en toi te rassure. Quand tu vois l'autre comme un ennemi, tu lui poses une étiquette. Tu le catégorises. Tu ne cherches pas à le connaître pour qui il est. Tu ne te donnes pas la possibilité de t'attacher réellement à lui. Tu ne te donnes pas la possibilité de ressentir des émotions positives qui pourraient apporter du changement et du renouveau. Cela te permet de ne pas être déçu·e ou de ne pas changer les choses. L'autre est un ennemi. Le monde extérieur est un ennemi et il ne peut pas en être autrement. Cela te donne la sensation de contrôler les choses et de comprendre le monde qui t'entoure. C'est une guerre et tu dois te battre. Il n'y a pas d'incertitude, pas de magie, pas de positif. C'est un champ de bataille et rien d'autre. Quand je te conseille, je t'aide aussi à ne pas te remettre en question quand tu n'as pas les ressources pour le faire. Au même titre que les autres, elle te donne un rôle : le justicier. Tu n'es que cela : la personne qui rend justice. Cela te définit totalement et tu laisses de côté toutes les autres facettes complexes de ta personnalité. Alors, oui, je te fais mal, mais parfois cette douleur t'apporte des bénéfices secondaires. Grâce à moi, tu rejettes l'amour. Et je sais que cette émotion te fait peur, car tu as peur de la perdre, alors je t'aide à remettre ton armure et à reprendre les armes pour combattre jusqu'à l'épuisement total.

L'ALERTE :

Je suis et serai toujours là mais, tu sais, cela ne veut pas dire que tu es condamné·e à être toujours en colère. Tu peux me donner un autre rôle. Celui d'une alerte positive. Le feu en toi va s'apaiser, et tu vas laisser la place à d'autres émotions et à d'autres ressentis plus positifs. Quand tu ressens les premières flammes, tu peux prendre conscience que certaines de tes limites commencent à être dépassées. Tu peux te demander ce qui n'est plus en accord avec tes ressources et tes besoins. Tu peux questionner tes relations, le rôle que tu donnes aux autres, la place que tu as dans les différentes situations de ta vie, tes mécanismes de fonctionnement et de pensées. Quand tu ressens la colère monter trop rapidement en toi, tu peux questionner tes combats intérieurs et extérieurs. Demande-toi s'ils sont justifiés et pourquoi tu as sorti l'épée. Demande-toi si tu vois les autres et l'extérieur pour qui ils sont ou si tu es en train de les diaboliser. Questionne ta propre façon. Quand ta souffrance abîme tes entrailles, cherche des compromis plutôt que des combats à mains nues. Privilégie le dialogue plutôt que les tactiques guerrières. Plus tu vas me laisser de la place, et plus la force des flammes sera intense. Il n'y a que toi qui décides comment tu nourris ton feu intérieur. Notre feu intérieur.

J'AVANCE À MON RYTHME :

Tu peux créer une nouvelle relation avec moi par l'équilibre de tes réactions émotionnelles face à la colère. Rappelle-toi qu'une émotion ne dure que quelques secondes. Tu as ensuite des réactions émotionnelles. Quand tu ressens la colère, ne réagis pas en menant des actions. Prends du temps pour toi. Tu peux courir, hurler, pleurer, écrire, danser, etc. Ressens cette colère sans chercher à combattre l'extérieur. Ensuite, demande-toi ce qui a provoqué cette colère. Réfléchis à la limite qui a été dépassée et demande-toi comment tu peux la rétablir. Par quelle action concrète tu peux le faire. Tu as besoin de moments de détente et de calme pour créer de nouvelles réactions émotionnelles face à la colère. Engage-toi à avoir une activité qui t'apporte apaisement et bien-être. Plus tu vas être calme au quotidien, et plus tu vas pouvoir équilibrer tes réactions face à la colère. Dans un endroit calme, tu peux penser à la dernière personne que tu as considérée comme une ennemie. Demande-toi si cela était justifié. Réfléchis aux comportements et aux paroles que tu as eus. Est-ce qu'ils ont dépassé les limites de l'autre ? Si oui, comment peux-tu réparer ? Comment peux-tu créer de nouvelles bases relationnelles avec les autres ? Fais-le à ton rythme.

MANTRA :

« Les autres sont mes alliés. »

L'APPRENTISSAGE :

Nous sommes ensemble depuis ta conception. Je suis ton bagage intérieur issu de tes vies antérieures. Je suis la malle de tes anciennes expériences de vie. Mon poids varie. Je peux t'abîmer le dos comme je peux être léger comme une plume. À l'intérieur de moi, il y a beaucoup de choses. Je porte le fardeau de tes échecs, de ce que tu considères comme des erreurs, de tes souffrances, de tes blessures, de tes relations toxiques ou inachevées. Je porte aussi la charge de tes expériences positives, de tes réussites, de ta sagesse et de ton enseignement intérieur. Notre relation n'est pas passive. Elle est vivante. Elle est en mouvement. Toi et moi, nous communiquons. Je ne suis pas qu'un bloc que tu tentes de porter tout au long de ton existence. C'est toi qui décides de la répartition de mon poids. C'est toi qui décides de la façon dont tu me portes. Je peux totalement te brutaliser, entraver ton avancée et ta relation avec toi-même. Comme ma présence peut être équilibrée et laisser toute la place à ton libre arbitre. C'est une relation où tu as le rôle principal. Mais parfois je peux être tellement lourd que je t'épuise. Je t'empêche de respirer. Je t'empêche d'avancer. Je t'empêche de vivre.

LE BÉNÉFICE SECONDAIRE :

Tu peux te servir de moi comme excuse. J'explique tout. Tu es ainsi, car tu as vécu telle vie. Tu réagis de cette façon, car tu as vécu telle relation dans une expérience antérieure. Tu as tel projet, car tu l'as commencé dans une ancienne existence. Je peux totalement expliquer et justifier ton être et tes actions. Cela t'aide à ne pas réfléchir à ta part de responsabilité, et cela te permet de ne pas te remettre en question quand tu n'as pas les ressources pour le faire. Quand tu n'as pas confiance en toi, je t'aide à t'affirmer. Tu vas te définir par tes anciennes expériences en oubliant qui tu es aujourd'hui et en laissant ta véritable personnalité de côté. Quand tu n'acceptes pas l'issue d'une situation ou d'une relation, tu peux aussi m'utiliser. Soit je vais nourrir un espoir qui va te permettre de nier la réalité. Ce même espoir va se transformer en attente négative et en souffrance. Mais tu vas refuser de voir les événements extérieurs tels qu'ils sont. Soit je vais donner un sens à tous les événements extérieurs. Je vais tout décrire, expliquer, rationaliser. Quand tu n'arrives pas à accepter l'incertitude du monde extérieur et l'importance de ton libre arbitre, je t'aide à te fuir. Je suis ton passé, mais je crée aussi ta réalité d'aujourd'hui. Je le fais à ta place.

L'ALERTE :

Je suis le fruit de tes expériences passées. Je suis inscrit en toi. Tu ne peux pas te libérer de moi. Mais tu peux modifier le rôle que tu me donnes. Rappelle-toi que tu as le rôle principal dans notre relation. Je suis ce que tu décides de voir. Je suis ce que tu regardes en moi. Plus tu vas regarder les fardeaux emprisonnés en moi, et plus ils seront ta réalité. Plus tu vas conscientiser ta sagesse karmique, et plus elle va t'inspirer. Je suis ce que tu regardes en moi. Quand tu as l'impression que je suis trop lourd, quand tu remarques que cela crée des événements imprévus intérieurs, concentre-toi sur ton libre arbitre. C'est ton principal pouvoir. Ta capacité à choisir pour et par toi-même. C'est un pouvoir formidable. Je ne l'efface que si tu me permets de le faire. Quand tu ressens que ma présence est négative, concentre-toi sur les enseignements que je t'apporte et choisis par toi-même. Prends des décisions et vis par toi-même. Sois spontané·e. Sois dans l'instant présent. Concentre-toi sur tes rêves et tes projets. Je vais devenir une alerte positive. Je vais devenir léger comme une brise d'air frais. Au-delà de tes anciennes vies, au-delà du principe de réincarnation, ce qui compte, c'est l'instant présent, alors vis, aime, ris, chute, relève-toi, essaye, échoue. Tu es ici pour vivre tout cela. Autorise-toi tout ça.

J'AVANCE À MON RYTHME :

Pour créer une nouvelle relation avec moi, tu as besoin de te concentrer sur l'instant présent. Je sais que tu vas tout de suite penser à la libération, mais cela ne va pas forcément t'aider. Un soin énergétique peut te permettre de te recentrer sur qui tu es aujourd'hui, mais il ne sera pas miraculeux. Tu es le miracle que tu attends de l'extérieur. Quand tu ressens ma présence négative, concentre-toi sur tes besoins d'aujourd'hui. Pose-toi ces questions fondamentales : « Qui suis-je ? » « Qu'est-ce que je souhaite ? » « Quel chemin est important pour moi ? » Et ensuite réfléchis aux actions que tu vas mettre en place pour créer ton propre cadre de référence et ta propre avancée. Plus tu vas me consacrer du temps, et plus tu vas t'éloigner de l'instant présent. La clef pour équilibrer notre relation, c'est l'ancrage et la révélation de toi-même. Tu as l'impression que tes échecs passés freinent tes projets, investis-toi encore plus dans leur réalisation. Tu as l'impression que tes relations décevantes antérieures influencent négativement tes relations d'aujourd'hui, concentre-toi davantage sur le partage positif avec les autres en affirmant tes limites. Tu as l'impression que tes peurs d'anciennes vies te paralysent dans cette incarnation, relève les défis les uns après les autres. Plus tu vas agir pour et par toi-même, et moins je vais te bloquer.

LE MANTRA :

« Je décide du poids de mon bagage intérieur. »

L'APPRENTISSAGE :

Nous n'avons pas forcément de liens personnels et, pourtant, nous cohabitons. Je n'ai rien contre toi. Je suis une énergie qui se transmet de génération en génération dans ta lignée familiale. Je peux être un poids comme une véritable source d'inspiration. Je me renouvelle à chaque génération. Le libre arbitre de chaque membre de ta famille m'influence. Je ne suis pas figé. Je suis en perpétuel changement.

Je t'influence. Je peux t'apporter des facilités dans un domaine précis comme je peux créer d'importants blocages intérieurs et extérieurs. Tu m'influences aussi. Ton libre arbitre et la façon dont tu m'accueilles en toi et dans tes actions ont des répercussions sur mes énergies et sur ma force. Je ne suis pas un bourreau qui a pour seul objectif de te faire chuter et de t'enfermer dans une pièce sombre et froide. Je ne prends pas de plaisir à te voir échouer. Je ne suis qu'un héritage transgénérationnel. Ton énergie est importante pour moi. Ton rôle n'est pas de me subir. Tu m'animes autant que je t'anime. Parfois je peux prendre beaucoup de place dans tes énergies. Tu te sens alors démuni·e. Tu as l'impression de n'être capable de rien et de répéter sans cesse les échecs de tes ancêtres. Tu as l'impression de suivre le même chemin, alors qu'il ne convient pas à ton âme et à tes énergies.

LE BÉNÉFICE SECONDAIRE :

Mon énergie peut être pénible et, pourtant, je te rassure. Je crée une forme de confort intérieur. Je peux entièrement tracer ton chemin personnel. Pour cela, tu as juste besoin d'imiter tes ancêtres. Tu te concentres sur ce qu'ils ont fait et vécu pour le reproduire. Cela crée une forme de sécurité. Tu me donnes le rôle d'un véritable guide et tu appliques ce que je te dis de faire. Tu reproduis à l'identique l'histoire de tes ancêtres. Quand tu n'as pas les ressources pour t'affirmer et pour créer ton propre chemin de vie, ma présence est positive pour toi. Tu peux aussi totalement te consacrer à ma libération. Cela peut devenir le but majeur de ton existence. Rappelle-toi que ce n'est pas possible. Je suis une énergie issue de l'existence de ta famille. C'est un processus naturel. J'accompagne chaque génération les unes après les autres. L'énergie que tu vas consacrer à mon anéantissement est du temps que tu ne vis pas pour toi. Tu ne penses pas à toi, à tes propres failles, à ta propre responsabilité, à tes projets et à tes envies. Je suis une excuse et une belle source de motivation. Mais tu te sers de moi pour te fuir. Je t'apporte à ce moment-là beaucoup de bénéfices secondaires.

L'ALERTE :

J'ai la place que tu me donnes. Plus tu vas te consacrer à moi, et plus je vais être important. Cela ne veut pas dire que je disparais dès que tu m'ignores. À ce moment-là, je m'installe dans ton inconscient. Ne sois pas dans le déni. Reconnais ma présence. Et agis en conscience pour équilibrer ma présence. Tu sais, l'histoire de ta famille est source de riches enseignements. C'est grisant de connaître et de comprendre l'histoire de ses ancêtres. Par contre, c'est important de ne pas faire porter à tes aïeuls le poids de ton libre arbitre. Rappelle-toi qu'ils ont expérimenté à une époque différente, avec des injonctions sociétales différentes, un cadre de référence, des ressources et des limites différents. Ne les vois pas comme des anges ou des démons. Ils ont fait le maximum avec les moyens qu'ils avaient. Ne leur inflige pas la responsabilité de tes échecs ou de tes réussites. Vois leurs parcours de vie comme des pistes de réflexion pour mieux te comprendre, te questionner, pour davantage te découvrir. Et prends conscience que tu as une incidence sur moi. Plus tu vas expérimenter par et pour toi-même, et plus tu vas m'alléger. Plus tu vas te concentrer sur tes besoins et tes limites, et plus tu vas m'apporter de la lumière. Je ne persécute pas. Nos énergies s'entremêlent et notre influence est réciproque.

J'AVANCE À MON RYTHME :

Pour créer une nouvelle relation avec moi, tu as besoin de te concentrer sur toi. Avant de t'intéresser à l'histoire de ta famille, intéresse-toi à toi. Réfléchis à tes passions, à tes convictions, à ce qui te fait vibrer, à tes priorités, à tes projets. Sois le personnage principal de ta propre histoire de vie. Ensuite intéresse-toi à la vie de tes ancêtres. Pose des questions aux membres de ta famille. Remarque les similarités. Tu peux entreprendre un travail de généalogie. Mais toujours dans l'optique que cela apporte des pistes de réflexion et non une énergie de fatalité. Tu peux aussi écrire une lettre à tes ancêtres. Tu peux les remercier pour tous les enseignements qu'ils t'apportent aujourd'hui. Tu peux leur transmettre tes ressentis sur leur vécu. Termine-la par des formules comme: « Aujourd'hui, je me consacre à… » Quand la lettre est finie, tu peux la déposer dans un lieu qui a été ou qui est important pour ta famille. C'est un hommage à ta lignée et à qui tu es devenu·e. Aujourd'hui, tu expérimentes, mais un jour tu seras l'ancêtre d'une nouvelle génération. Quelle est l'énergie positive que tu souhaites lui apporter ? Quelle est la beauté que tu souhaites inscrire en toi et dans l'énergie des futures générations de ta lignée familiale ?

LE MANTRA :

« Le passé de ma famille m'inspire. »

L'APPRENTISSAGE :

Je suis là quand tu as décidé d'être une personne négative qui ne commet que des erreurs et qui ne vit que des échecs. Je suis là quand tu prends des décisions qui vont à l'encontre de tes besoins et de tes limites. Je suis là quand tu as décidé de fuir ton propre bien-être. Je suis là quand tu es incapable de prendre soin de toi. Je suis là quand ta partie sombre te conseille et quand tu as décidé que le bonheur n'était pas à ta portée. Je suis là quand tu ne vas pas bien. Quand tu ne vas vraiment pas bien. Je suis là quand tu n'arrives plus à relever ta tête, quand tu n'arrives pas à te rassurer, quand tu n'arrives plus à prendre conscience de tes bases intérieures. Je suis là quand tu es à bout de souffle, quand toutes tes blessures sont ouvertes et saignent abondamment. Je suis là quand tu n'arrives plus à être optimiste, à prendre conscience des dommages collatéraux que tu peux créer sur les autres, à réfléchir à ta part de responsabilité dans ce que tu nourris en toi et dans les décisions que tu prends. Je suis là quand, épuisé·e, tu as décidé de ne prendre que des décisions négatives pour toi en rejetant la faute sur les autres et sur le monde extérieur. Je suis là quand ça ne va pas. Vraiment pas.

LE BÉNÉFICE SECONDAIRE :

Quand je suis là, toutes tes émotions négatives te conseillent. Tu n'arrives plus à ressentir ta lumière intérieure, tu n'as plus d'espoir dans les événements à venir et dans les résultats de tes actions. Tu ne crois plus en tes projets et en tes rêves. Et pourtant, je peux te rassurer. Quand je suis là, le positif n'est qu'un mirage, le bonheur est lointain et la sérénité inexistante. Mais si tu as connu peu de moments de bonheur, si tu as beaucoup souffert, tout cela te paraît étranger. Et nous sommes conditionné·e·s pour avoir peur de ce qu'on ne connaît pas, alors je peux te permettre de fuir ces choses qui te paraissent irréelles et dangereuses. Je t'aide à rester dans ta zone de confort qui ne correspond pas à tes besoins et à tes limites, mais qui te rassure, car tu connais par cœur son énergie. Je t'aide à fuir le changement et le renouveau. Je t'aide à ne pas essayer de nouvelles choses et à ne pas prendre de risque. Tu ne prends pas le risque d'y croire et d'être déçu·e. Tu ne prends pas le risque d'aimer et d'être quitté·e. Tu ne prends pas le risque de créer et de réussir. Tu ne prends plus aucun risque. Et cela peut être rassurant. Par la douleur et l'inconfort, je te rassure, mais tu ne peux faire qu'avec les ressources dont tu disposes.

L'ALERTE :

Tu peux créer une nouvelle relation avec moi. Je peux être une alerte positive. Je peux t'aider à prendre conscience qu'actuellement une partie de toi a peur du bonheur et de la joie. Je peux t'aider à prendre conscience qu'une partie de toi se sabote et fuit le changement. Je peux être là sans te faire souffrir. Quand tu prends conscience que tes décisions vont à l'encontre de tes souhaits profonds, tu peux faire une pause et réfléchir à ce qui ne va pas. Cela peut être un besoin de repos, d'être rassuré·e, de ralentir ton rythme de travail ou d'avancée, de douceur et de bienveillance, de changement. Je peux t'aider à t'écouter avec honnêteté et sincérité. Je peux t'aider à prendre conscience de ce que tu veux vraiment. Pas de ce que les autres veulent pour toi, pas de ce que les autres vont penser de toi, de ce que tu veux vraiment, toi. Je peux t'aider à t'affirmer pour avancer à un rythme qui te permet d'avoir des moments de calme et d'apaisement. Je peux t'aider à créer ton propre bonheur. Quand tu remarques que tu prends des décisions négatives pour toi, arrête-toi. Écoute-toi. Le plus beau cadeau que tu puisses te faire, c'est t'écouter et t'accepter.

J'AVANCE À MON RYTHME :

Pour créer une nouvelle relation avec moi, tu as besoin de t'écouter. Tu as besoin d'être honnête et sincère avec toi-même. Installe-toi dans un endroit calme en prenant une feuille et un stylo. Liste les actions et les décisions que tu as prises qui vont à l'encontre de tes désirs profonds et qui ont dépassé tes propres limites. Ensuite demande-toi pourquoi tu as pris ces décisions. Demande-toi comment cela t'a rassuré·e. Demande-toi ce que tu as fui à travers ces décisions et ces actions. Liste ensuite tes désirs et tes rêves les plus profonds. Note les actions que tu souhaites mettre en place pour les réaliser. Quand tu as terminé, écris-toi une lettre. Dans cette lettre, tu te présentes des excuses. Tu rédiges les enseignements de ton libre arbitre négatif et tu t'engages envers toi-même à créer un bien-être intérieur et extérieur. Si tu ne te sens pas capable de mettre en place ce travail seul·e, tu peux demander l'aide d'une personne expérimentée. Tu peux aussi chaque soir méditer avec une émotion positive. Installe-toi dans un endroit calme et choisis l'émotion positive que tu souhaites ressentir. Cela peut être la joie, l'amour, la sérénité, la gratitude, l'apaisement, etc. Inspire et expire profondément en laissant venir à toi cette émotion. Plus tu respires, et plus elle est puissante. Quand cette émotion est bien présente, prononce des phrases positives. Des phrases qui te font du bien. Tu peux ensuite écrire tes ressentis quand tu as terminé. Cela va t'aider à créer une nouvelle relation avec tes énergies positives.

LE MANTRA :

« Mon libre arbitre m'aide à créer mon bien-être. »

L'APPRENTISSAGE:

Je suis une mémoire transgénérationnelle. Nous n'avons pas de liens directs et, pourtant, je suis présente en toi. Je suis issue de ta lignée. Je suis une mémoire qui se répète depuis plusieurs générations au sein de ta famille. Mon énergie est très conventionnelle, j'en conviens. Mon message aussi. Pour moi, il n'y a que les règles familiales qui comptent et qui ont autorité. Ce que tu es et ce que tu fais sont des choses dictées par la volonté de tes ascendants ou par leurs propres expériences. Je t'oblige à porter un masque qui est créé par les membres de ta famille. Je ne porte pas forcément d'importance à tes propres besoins, à tes rêves et à tes passions. Surtout s'ils diffèrent des conventions familiales. C'est complètement exclu de les envisager. Alors, oui, parfois tu as envie de te rebeller, et je le comprends. Mais j'aime les traditions. Je ne supporte pas le changement et encore moins l'individualité. Tu représentes ce qu'est ta famille. Il n'y a pas de débat, ni de contradiction possible. C'est le chemin ancestral qui construit le tien. Quand je suis là, tu peux ressentir des tensions et une forme d'injustice. Je le sais. Mais je m'en moque. Ce qui compte, c'est de perpétuer les traditions. Tout ce qui est hors de ce contexte ne m'intéresse absolument pas.

LE BÉNÉFICE SECONDAIRE :

Je sais que tu essayes de te rebeller contre moi, mais je sais aussi que ma présence peut être positive. Je peux t'apporter de nombreux bénéfices secondaires. Quand tu ne sais pas quelle direction prendre, quel choix faire ou quand tu doutes de ta propre mission de vie, ma présence est salutaire. Je te montre une route toute tracée et tu as juste à répéter ce que tes propres ancêtres ont vécu. Cela apporte une forme de confort et de sécurité. Tu connais déjà le déroulé de l'histoire puisque tes aïeuls l'ont déjà vécue. Il n'y a pas d'incertitude, pas d'inconnu, pas de risque. Tu sais exactement où tu vas. Tu connais chaque étape de ton voyage. Cela peut être réconfortant. Tu peux aussi m'utiliser comme transfert de ta propre souffrance. Tu sais, quand tu cherches à tout prix à me libérer ou à me guérir, quand toutes tes énergies sont concentrées sur ma délivrance, tu renforces ma présence. Car tu te leurres. Sans t'en rendre compte, tu renforces ma présence en toi, car tu es tellement concentré·e sur moi que tu exclus qui tu es, ce que tu veux et le chemin que tu souhaites prendre. Tu veux tout sauf moi. Mais finalement, je suis à chaque instant dans ton esprit, dans tes actions et dans ton avancée. En voulant me libérer, tu t'éloignes de ton propre chemin de vie, et cela peut être rassurant si tu ne te sens pas capable de le faire.

L'ALERTE :

Je suis présente en toi, mais tu as la possibilité de dompter ma présence. J'ai le rôle que tu me donnes. Tu n'as pas besoin de mettre en place des centaines de rituels. Tu as une méthode toute simple qui ne se vend pas. Concentre-toi sur toi. Prends le temps de déterminer qui tu es, ce que tu veux et le chemin que tu souhaites prendre. Découvre tes passions, construis ton cadre de référence et affirme-les. Alors, oui, je sais, ce n'est pas toujours facile de dire à sa famille qu'on souhaite prendre un chemin différent, mais ose. Tu ne dois rien à personne. Tu ne dois rien à tes parents. Tu as le droit d'être original et de construire une avancée, même si elle est inconnue de ta famille. Rappelle-toi que tant que tu ne dépasses pas tes limites et celles des autres, tu peux tout faire. Plus tu vas te concentrer sur toi, et plus tu vas naturellement réduire ma puissance et mon impact sur toi et sur les futures générations. Ce n'est pas ma libération qui va éteindre ma présence, c'est ton affirmation. Ose montrer au monde ton identité, tes valeurs, ta créativité. Plus tu vas le faire, et plus tu vas construire ton propre bonheur. Plus tu vas le faire, et plus je vais m'effacer. C'est toi l'outil ou le rituel miracle. Uniquement toi. Vis ta propre vie, laisse de côté les codes qui ne te correspondent pas, c'est aussi simple que cela. Vraiment.

J'AVANCE À MON RYTHME :

Pour créer une nouvelle relation avec moi, tu as besoin de créer une nouvelle relation avec toi. Pour ce faire, installe-toi dans un endroit calme.

Prends une grande inspiration et expiration et, sur une feuille, liste toutes tes capacités, tout ce que tu trouves de merveilleux en toi, toutes tes qualités, tous tes rêves, tes projets. Relis-les plusieurs fois. Ensuite tu crées un tableau de visualisation. Sur une grande feuille, tu dessines ou tu colles des dessins qui représentent ce que tu souhaites vivre. Ressens ta force intérieure quand tu construis ce tableau. Quand tu as terminé, réfléchis aux actions à mettre en place pour réaliser tout ce que tu souhaites vivre. Liste-les sous forme de priorités et engage-toi à te concentrer totalement sur chaque action. Tu peux établir une to-do list à joindre à ton tableau de visualisation. Accroche-les à l'endroit qui te semble approprié. Ils seront tes seuls guides. Plus tu vas te consacrer à tes projets, et plus tu vas éteindre mon énergie. Sans magie extérieure. Juste avec ta motivation intérieure et simplement toi-même.

LE MANTRA :

« Je suis moi-même. »

L'APPRENTISSAGE :

Quand je suis là, tu te sens angoissé·e et tu as l'impression qu'il n'y a plus d'issue. Tu te sens cerné·e par la fatalité et tout te paraît fade. Je peux être là de façon permanente ou occasionnellement. Mon énergie ne te fait pas sourire, et j'en suis désolé. Je te donne même les larmes aux yeux. J'opprime tes entrailles et j'obscurcis tout ce qui t'entoure. Par ma présence, tout perd son sens. Tu as l'impression d'être emprisonné·e dans une routine ennuyeuse. Tu n'as aucun désir qui t'anime. Tout est morose. Si je peux te donner un conseil, prends-moi au sérieux. Je peux être le début d'un malaise pénible et encore plus profond. Demande de l'aide si tu en ressens le besoin. Je peux être le fruit de grandes souffrances intérieures, car tu es fatigué·e et tu as dépassé tes limites. Donne-moi de l'importance. Ne m'écoute pas comme un conseiller, mais ne me fuis pas. Je suis là quand tes énergies sont en détresse. Quand tu n'arrives pas à te relever. Ma présence est oppressante et je bloque toutes pensées inspirantes. À cause de moi, tu soupires et tu as l'impression que chaque action quotidienne est une corvée impossible à réaliser. Je suis là et je t'abîme. Je te fais sombrer dans un puits sans fond qui devient de plus en plus obscur et terrifiant.

LE BÉNÉFICE SECONDAIRE :

Quand je suis là, tu es vidé·e de ton énergie. Tu n'as qu'une envie, c'est fermer les yeux et attendre que la journée se termine pour qu'une nouvelle recommence. Elle sera tout aussi pénible, mais tu ne peux que fuir l'instant présent. Tu n'es pas capable de te concentrer sur autre chose que sur le fait de subir ce qu'il se passe. Chaque événement est vécu comme un coup de poignard qui t'affaiblit encore plus. Plus tu es chancelant·e, plus tu restes bloqué·e dans ta zone de confort. Tu es incapable d'agir et d'avancer. Cela te maintient dans une forme de sécurité intérieure et extérieure. Tu es totalement bloqué·e et figé·e. Je t'apporte à ce moment-là un effet positif. C'est très souvent inconscient. Tu as tellement mal que tu ne t'en rends pas compte. Mais je peux être positif. Par la douleur, je t'apporte une forme de protection. C'est paradoxal, mais rappelle-toi que tu as beaucoup de contradictions en toi. Cela crée ta beauté et ton originalité. Quand je suis présent en toi, cela peut éveiller l'intérêt des autres à ton égard. Ils vont prendre soin de toi, te demander si tu as besoin de quelque chose, ils vont s'occuper de toi. C'est aussi un des effets positifs de ma présence. Cela t'aide à recevoir de la douceur et de la bienveillance que tu n'arrives pas à t'apporter toi-même. Je te rassure mais je te blesse. J'en suis vraiment désolé.

L'ALERTE :

Je te le redis, prends-moi au sérieux. Je me manifeste à toi à travers ton corps, tes pensées, tes énergies et tes émotions. Chaque partie de ton être souffre de ma présence. Plus tu vas chercher à me fuir, plus ma puissance va s'amplifier. Ce n'est pas la solution de réagir ainsi. Tu as besoin de t'avouer que tu ne vas pas bien. Le but est d'en prendre conscience, sans te dire que c'est une fatalité. Ce n'est pas parce que tu ne vas pas bien aujourd'hui que tout est fichu. Rappelle-toi que tu es un être en mouvement qui vit dans un monde incertain. Tout le monde vit des moments compliqués. Personne ne va bien tous les jours. C'est un mensonge. Il y a des jours plus compliqués que d'autres. Et par moments, la seule chose que tu puisses faire, c'est soupirer de douleur. Mais tu n'es pas seul·e. Le but n'est pas de se réjouir du mal-être des autres. Le but est de prendre conscience que tu as le droit de ne pas aller bien et que c'est très important de comprendre pourquoi. Quand tu ressens ma présence, demande-toi pourquoi tu te sens aussi mal. Est-ce lié à un événement extérieur ? À un ressenti intérieur ? À ta routine ? Que s'est-il passé ? Ose ensuite demander de l'aide que ce soit à une personne de confiance ou expérimentée. Ce n'est pas honteux d'aller mal. C'est humain. Et parfois avec les injonctions à la performance et la positivité toxique, tu peux t'interdire de ressentir ma présence. Tu as le droit d'être mal. Tu as le droit de le dire. Tu as le droit de le ressentir.

J'AVANCE À MON RYTHME :

Pour créer une nouvelle relation avec moi, tu as besoin de créer une routine qui t'aide à te sentir bien. Réfléchis à des rituels que tu peux mettre en place pour créer un nouveau bien-être. Concentre-toi sur la qualité de ton sommeil, ton alimentation, l'aménagement de ton domicile, tes activités quotidiennes. Il est très important que tu repères les actions négatives quotidiennes qui t'empêchent de te sentir bien. Ose les modifier pour laisser la place à de nouvelles énergies positives. Le sport est aussi important. Le but n'est pas de courir le marathon la semaine prochaine. Mais en fonction de tes capacités et de ta mobilité, pratique une activité sportive régulièrement. Cela va t'aider à écouter ton corps et à lui porter de l'attention. Évite les contenus négatifs. Tu peux même faire une pause des réseaux sociaux. Regarde des films qui te font rire, lis des ouvrages inspirants, côtoie des personnes qui te donnent le sourire. Cela va t'aider à retrouver le goût de l'instant présent. Cela va te permettre de ressentir de nouveau la joie et l'amusement. Tu sais, c'est le premier pas qui va être le plus difficile dans la mise en place de toutes ces choses. Je sais que quand je suis là tu n'as qu'une envie, c'est d'éteindre ton téléphone, de fermer ta porte à clef et de pleurer toutes les larmes de ton corps. Écoute-moi, s'il te plaît. Écoute-moi vraiment. Le premier pas va te paraître vraiment compliqué. Il est très important que tu le fasses. Les autres seront plus faciles. Fais-moi confiance. Les autres seront vraiment plus faciles.

LE MANTRA :

« Je me concentre sur mon bien-être. »

L'APPRENTISSAGE:

Je suis là et je serai toujours présente en toi. Alors, je sais, tu as pu lire de nombreux livres sur les grands manipulateurs à éviter et tu peux catégoriser certaines personnes comme d'horribles manipulatrices. Sauf que je suis présente en chacun de vous. Tous les êtres humains manipulent. C'est un mode d'interaction sociale que vous avez créé entre vous. Je ne suis pas un vice. Je ne suis pas une faille. Je ne suis qu'une partie de vous-mêmes. Évidemment, tout le monde ne se sert pas de moi de la même façon. Certaines personnes vont en faire souffrir d'autres à cause de moi. D'autres vont manipuler pour leurs propres désirs et d'autres vont le faire de façon positive. Ou manipuler pour le bien-être des autres. Je suis présente en vous, mais vous avez chacun·e votre libre arbitre. Tu vis dans un monde incertain qui est en perpétuel changement. Rien n'est acquis et tout se transforme en permanence. Cela est vertigineux quand même. Moi, mon rôle, c'est d'influencer les pensées, les choix et/ou les actions de toi ou des autres pour donner un semblant de contrôle. Je suis là quand tu as besoin de reprendre ton pouvoir et parfois de reprendre ton souffle. Alors je sais que j'ai mauvaise presse, mais souvent c'est quand on est hypocrite envers soi qu'on me rejette. Je suis là en chacun·e de vous. On me voit toujours chez les autres mais jamais en soi. Et pourtant je suis là. En toi. Et je le resterai toujours.

LE BÉNÉFICE SECONDAIRE :

Ma présence t'apporte beaucoup de bénéfices secondaires. Quand tu te sers de moi, quand tu manipules, tu te rassures. Tu n'affrontes pas l'incertitude du monde extérieur. Tu ne prends pas de risque à être déçu·e ou choqué·e des réactions ou des attitudes des autres. Et cela rassure aussi ton ego. Tu as le pouvoir de faire faire aux autres ce que tu veux. C'est parfois un sentiment très grisant. Et c'est humain. Vous avez en chacun·e de vous une envie de dominer l'autre. Comme pour moi, vous ne l'utilisez pas de la même façon. Mais quand tu domines l'autre, cela engendre des hormones de bien-être. Je sais que tu peux avoir des difficultés à l'accepter. On pense toujours à la manipulation de l'autre, mais peu à la sienne. Grâce à moi, tu peux avoir ce sourire satisfait et penser : « Tout est prévu, tout est sous contrôle. » Et ce sentiment t'apporte une très grande sécurité intérieure et extérieure. La manipulation des autres te procure aussi des bénéfices secondaires. Quand tu es manipulé·e, tu n'es plus sous ta responsabilité. Tu te laisses guider par leurs désirs et leurs attentes . Je sais que certaines manipulations sont très sournoises, voire dévastatrices. Je ne te dis pas cela pour que tu te sentes coupable ou pour minimiser tes expériences. Mais je peux apporter des effets positifs à une situation négative. Quand tu es manipulé·e, tu ne prends plus de décisions par toi-même et tu ne prends pas le risque d'échouer. Les autres décident pour toi. Du moins, je décide pour toi.

L'ALERTE :

Tu as les capacités de sentir ma présence que ce soit en toi ou chez les autres. Par contre, tu vas être invité·e à faire preuve d'une grande observation. Tel·le un·e détective, tu vas regarder les signes et prendre du recul sur ce que tu dis, ce qu'on te dit, ce que tu vois et ce que tu montres. Que l'enquête commence. Tout ce que je vais te dire s'applique aussi aux autres. Voici les indices, Sherlock. Quand tu reportes toujours la responsabilité sur les autres, quand tu communiques de façon floue, quand tu es un caméléon avec les autres, quand tu refoules ta partie sombre, quand tu demandes la perfection chez les autres, quand tu mens, quand tu prêches le faux pour avoir le vrai, quand tu ne supportes pas la critique, quand tu ignores les limites des autres, c'est que je suis là. Cette liste est loin d'être exhaustive. Fais une pause. Demande-toi pourquoi tu as ce besoin de contrôle sur les autres. Demande-toi ce que tu évites en toi et le danger que tu perçois à l'extérieur. Je sais que cela peut créer une grande dualité en toi et que tu peux avoir l'impression d'être une mauvaise personne. Si tu l'es, alors vous l'êtes tou·te·s. Car tout le monde manipule, je te rappelle. En tant qu'alerte, je peux t'apprendre de nombreuses choses. En tant que conseillère, je peux blesser d'autres personnes qui ne sont en rien responsables de ta souffrance intérieure. J'ai le rôle et la place que tu me donnes.

J'AVANCE À MON RYTHME :

Pour créer une nouvelle relation avec moi, tu peux demander l'aide d'une personne expérimentée, surtout si je suis une de tes bases d'ancrage. Si tu es conseillé·e par ta blessure de trahison, je peux être un mode d'interaction quotidien et tu peux avoir beaucoup de difficultés à te défaire de moi. La première étape est de reconnaître ma présence. Pas chez les autres. En toi. Chez les autres, c'est facile et parfois, c'est un très bel effet miroir. Détermine les situations et/ou les relations où tu manipules. Demande-toi depuis quand tu le fais, pourquoi tu le fais. Quelle sécurité t'apporte ma présence ? Qu'est-ce que tu fuis ? Ensuite réfléchis aux actions que tu peux mettre en place pour partager avec toi et avec les autres de façon plus honnête et sincère. Quand tu manipules, tu ressens un mal-être que tu cherches à fuir. En avoir conscience et prendre soin de toi est une clef importante pour créer de nouvelles bases relationnelles.

LE MANTRA :

« Je partage avec honnêteté et avec sincérité. »

L'APPRENTISSAGE :

Je suis l'énergie de l'indifférence. Je suis l'énergie de la détestation. Je suis l'énergie de l'antipathie. S'aimer, c'est s'accepter et se respecter. Quand je suis là, l'égard personnel est absent. La considération de ton être n'existe pas. L'importance de tes besoins et de tes limites est éclipsée. Quand je suis là, tu souffres. Tu as l'impression de ne pas trouver ta place et d'être invisible à tes yeux et à ceux des autres. Je t'apporte toujours beaucoup de douleurs, de reproches et de critiques. Je crée une forme de vide intérieur. Je t'enferme dans une énergie pessimiste et fataliste. Quand je suis là, tu ne sais pas, tu ne sais plus qui tu es, ce que tu veux et ce que tu mérites. J'arrive et je t'empêche de t'exprimer. Tu ne ressens plus rien à part tes tourments intérieurs. Ne sous-estime pas ce que tu éprouves en ma présence. Je sais que mon énergie est brutale. J'en ai conscience. Je suis tel un courant d'air glacé qui te fige et qui te transforme en stalactite. Une seule chose peut encore bouger : tes larmes qui coulent lentement sur chacune de tes joues. Quand je suis là, il n'y a plus d'espoir, plus de partage, plus d'envie. Je blesse et je ne fais que ça. Je meurtris tes énergies et parfois même ton âme.

LE BÉNÉFICE SECONDAIRE :

Je te blesse et, pourtant, je te rassure. Par moments, ma présence à tes côtés t'apporte des effets positifs. Quand tu ne t'aimes pas, tu t'effaces. Tu fermes les yeux et tu disparais. Ton avancée disparaît avec toi. Tu n'as plus à te questionner, à choisir, à expérimenter, à échouer, à recommencer, à avancer. Il ne se passe rien quand je suis là. Et par moments, tu n'as pas les ressources pour mettre un pas devant l'autre. Ma présence t'aide à rester dans ta zone de confort. Tu peux aussi te plaindre de ma présence. Cela peut motiver les personnes auprès de toi à t'apporter beaucoup d'amour, de douceur et de bienveillance. Elles peuvent alors tout faire pour que tu puisses te sentir mieux. Ça attire leur attention. Et cela peut t'apporter une forme de bien-être. Je peux aussi te servir d'excuses. Quand tu as dépassé les limites des autres ou quand tu ne peux pas te remettre en question, tu peux dire que c'est ma faute. Tu n'arrives pas à respecter tes besoins, donc tu ne peux pas le faire pour les autres. Cela t'aide à fuir ta responsabilité dans tes actions et dans tes choix. Je t'efface. Quand tu as peur de te voir ou d'être vu·e, je te suis salutaire.

L'ALERTE :

L'amour de soi, c'est comme le bonheur : ce n'est pas linéaire, ni permanent. Tu n'as pas un bouton en toi « amour de soi » sur lequel tu appuies le matin pour respecter parfaitement ton identité et tes valeurs. L'amour de soi est lié à l'acceptation. S'accepter, c'est intégrer qui tu es aujourd'hui. Pas qui tu as été, pas qui tu voudrais être, mais qui tu es dans l'instant présent. Et ce n'est pas forcément évident. Si tu as grandi avec moi à tes côtés, tu peux te sentir incapable de définir ces termes et de les appliquer. L'amour de soi ne dépend pas non plus des autres. Tu peux tenter de m'échapper en achetant leur amour. Tu vas être la personne disponible pour eux et tu vas assouvir leur moindre désir sans poser une seule limite. Mais je serai toujours là. Prends conscience de la relation que tu as construite avec moi pour que nous puissions établir de nouvelles bases. Et sache qu'au cours de ton existence nous allons nous côtoyer. Soit rarement, soit régulièrement, soit très souvent. M'accepter, c'est le premier pas pour affaiblir ma force et ma puissance. Et le premier pour t'aimer.

J'AVANCE À MON RYTHME :

Pour créer une nouvelle relation avec moi, tu as besoin de t'accepter. Je n'ai pas de recette magique à te proposer. Je suis l'énergie du néant. Pour t'accepter, observe-toi. Ne sois pas ton propre juge. Juste regarde. Le soir, repense à ta journée. Repense à tes actions, à tes réactions, à tes pensées… Écris-les. Ensuite demande-toi si elles étaient liées à tes désirs profonds ou non. Si ce n'est pas le cas, demande-toi pourquoi. Réfléchis ensuite aux actions et aux changements que tu peux mettre en place pour créer une vraie cohérence entre ton monde intérieur et extérieur. L'acceptation de ton corps physique est aussi importante pour t'aimer. Aime-le. Sois à l'écoute de ses besoins. Considère d'une nouvelle façon tes complexes et tes défauts. Aucun corps n'est parfait. Tous les corps sont magnifiques. Demande l'aide d'une personne expérimentée qui va t'aider à te regarder avec douceur et bienveillance. Ne cherche pas la pierre de l'amour. Cela ne fonctionnera pas. Engage-toi à entreprendre le chemin vers toi-même. Ce temps que tu te consacres est le début de l'amour de soi. Tu fais de toi ta priorité, tu te donnes de l'importance. Tu t'illumines. Ce ne sont pas les autres qui te donnent ta lumière. C'est toi qui la projettes de ton être vers l'extérieur. Aie conscience de cette pensée.

LE MANTRA :

« Je m'aime pour qui je suis aujourd'hui. »

L'APPRENTISSAGE :

Je suis la voix qui t'ordonne de ne pas faire telle ou telle chose. Je suis la voix qui te dit que tu n'es pas capable, que tu vas échouer, que tu vas tomber et que tu vas être déçu·e. Je suis la voix pessimiste qui ne croit pas en toi et qui te conseille de ne rien faire. Je te recommande toujours de ne rien commencer ou je suis là pour te dire que tu vas lamentablement tomber. C'est mon énergie. Je ne cherche pas à te blesser. Je parle toujours de cette façon. Quand je suis là, tu as l'impression d'être dépouillé·e de tes ressources, de tes capacités et de tes compétences. Tu te concentres davantage sur l'échec potentiel que sur l'enseignement de chaque pas que tu peux entreprendre. Tu as un regard déformé sur qui tu es et sur ce dont tu es capable. Ma voix peut résonner en toi de façon épisodique ou je peux être présent du matin au soir. Je sais que je crée une grande douleur en toi et que tu te compares aux autres quand je suis là. Tu as l'impression que tout est facile pour eux et tu ressens un grand poids intérieur. Je suis désolé. Je suis issu de tes blessures, de ton éducation, de tes premières expériences de vie. Mais à chaque fois, ma voix t'oppresse, te déstabilise et te fige.

LE BÉNÉFICE SECONDAIRE :

Je te blesse, mais je sais qu'une partie de toi est rassurée par ma présence. Je peux te servir d'excuse. Je t'aide à remettre les choses à plus tard et tu te sers de moi pour rester dans ta zone de confort. Tu te sers de moi pour stagner, pour ne pas oser. Je t'entends dire : « Non, je ne peux pas, je n'ai pas confiance en moi. » Et tu laisses passer les opportunités. Je ne te dis pas que tu es une personne faible. Rappelle-toi que tu fais le maximum avec les moyens que tu as.

Mais pour ne pas regarder en face tes blessures, pour ne pas changer tes habitudes de vies intérieures et extérieures, tu peux te servir de moi. Je peux aussi être positif pour toi quand tu as besoin d'avoir l'attention des autres. Pour pallier ce manque de confiance en toi, ils peuvent te dire de jolies phrases, te complimenter, être bienveillants ou même faire certaines choses à ta place. Je sais que ce n'est pas forcément agréable de prendre conscience que ma présence peut être bénéfique, mais toi et moi savons. Il n'y a pas de jugement de ma part. Rends-toi juste compte que parfois ma présence te rassure.

L'ALERTE :

Tu peux créer une nouvelle relation avec moi. Je peux être une alerte positive. Pour ce faire, tu as besoin de m'accepter. Rappelle-toi que tu la confiance en soi est un état temporaire qui dépend de ta santé physique, énergétique, émotionnelle mais aussi psychique. Cela dépend aussi de l'endroit où tu es, de ce que tu fais et des personnes qui t'entourent. Ça n'existe pas les personnes qui ont toujours confiance en elles. La confiance en soi est liée à tes actions : c'est l'énergie que tu investis dans ce que tu fais. Pour avoir confiance en toi, tu as besoin de t'estimer et de t'aimer. Tu as besoin de prendre conscience de ta valeur, de tes qualités, de tes capacités, de tes compétences, de ton cadre de référence et de le respecter. Tu as besoin de te regarder et d'être honnête et sincère envers toi. Ce ne sont pas les gris-gris magiques ou les protocoles miraculeux qui vont t'aider à avoir confiance en toi, mais bien un engagement réel envers toi. Alors quand tu entends le son de ma voix, ne frémis pas. N'abandonne pas ce que tu es en train de faire. Demande-toi pourquoi tu doutes de toi et ce dont tu as besoin pour te rassurer et pour continuer à avancer. Cela va te permettre de m'accueillir d'une nouvelle façon, car, oui, je vais revenir auprès de toi, mais ma voix peut être douce et calme. Je ne suis pas obligée de te parler en créant de la terreur ou de l'effroi.

J'AVANCE À MON RYTHME :

Pour créer une nouvelle relation avec moi, tu as besoin de m'accueillir. Ne crois pas que je suis signe d'échec ou de faiblesse. Ne pas avoir confiance en soi, c'est normal. Le but est que cela ne te fige pas dans une zone de confort qui ne te correspond pas ou plus. Pour avoir confiance en toi, tu as besoin de t'aimer et de t'accepter. Pour ce faire, tu peux lister tout ce qui t'empêche de t'aimer. Décris tout ce que tu n'aimes pas en toi. Relis ce que tu as écrit.

Ensuite remplace ces critiques par des phrases positives et bienveillantes. Répète-les une par une en respirant profondément. Tu peux aussi demander l'aide d'une personne expérimentée pour t'aider à comprendre pourquoi tu ne t'aimes pas. Liste les actions que tu souhaites réaliser. Puis tu gardes une action qui te demande peu d'efforts, une autre qui te demande des efforts moyens et une dernière qui te demande de grands efforts. Tu détermines le temps dont tu as besoin pour effectuer ces actions et tu te concentres dessus. Vois-les comme des défis positifs et stimulants. Demande de l'aide pour les réaliser si tu en ressens le besoin. Cela va t'aider à prendre conscience que tu es capable, et c'est la porte pour avoir confiance en toi. Pas à pas. En acceptant quand la confiance n'est pas présente. En profitant totalement quand elle est là.

LE MANTRA :

« Je m'aime, je m'accepte, j'ai confiance en moi. »

L'APPRENTISSAGE :

Je n'ai qu'un but dans la vie : que rien ne change. Je me fiche de tes besoins et de tes limites. Je me fiche de tes rêves et de tes projets. Je me fiche de ton mécontentement. Je me fiche de ton inconfort. Mon but est de tout figer. Même si l'ambiance est fade, même si la poussière a envahi tous les meubles de la maison, même si tu as des fourmillements, car tu es resté·e trop longtemps dans la même position, on ne change rien. Strictement rien. Je suis souvent accompagné de croyances limitantes qui sont d'une grande aide pour éloigner le changement et le renouveau. Je fais partie de ta partie sombre. Et je déteste l'incertitude. Alors, tout ce qui est nouveau, tout ce qui est mouvement, je le rejette. Quand je te conseille, tu répètes en boucle les mêmes schémas de pensée et de fonctionnement. Tu t'autocensures et tu deviens presque un automate. Tu ne te demandes pas pourquoi tu exécutes telle ou telle tâche. Tu le fais, car il faut le faire. Et tu le répètes sans cesse. Tu t'enfermes dans une zone de confort où le temps s'arrête. Chaque seconde ressemble à la précédente. Toutes les journées sont similaires. Tu effectues toujours les mêmes actions, et ta vie ressemble à une litanie.

LE BÉNÉFICE SECONDAIRE :

Mon but n'est pas de te torturer, bien au contraire. Je suis là pour te protéger. En figeant les choses, je crée une zone où tu te sens vraiment être en sécurité. J'éloigne tout ce qui peut paraître dangereux. Je te maintiens dans une zone familière dont tu connais les moindres recoins. Tu es en sécurité avec moi. Alors, oui, tu ne peux pas beaucoup bouger, innover, expérimenter, mais tu es à l'abri, et il n'y a que ça qui compte pour moi. Sans t'en rendre compte, tu m'appelles régulièrement quand le monde extérieur t'effraie, quand tu n'as plus de ressources ou quand tu ressens la nouveauté comme un danger. Tant que tu m'appelles, quand tu me laisses de la place, j'immobilise tout ce qu'il y a autour de toi. Mon attitude est bienveillante, ma présence t'apaise, même si cela peut être difficile pour toi de le reconnaître. Je suis souvent critiqué, mais je sais très bien que bon nombre de personnes me recherchent et sont capables de beaucoup de choses pour me garder à leurs côtés. On peut souvent être hypocrite envers soi. Mais je suis très rassurant. Je le sais, tout comme toi.

L'ALERTE :

Tu ne peux pas te libérer totalement de moi. Je fais partie de toi. Nous sommes voué·e·s à vivre ensemble. Mais je ne suis pas obligé de te conseiller. Je peux être une alerte positive pour toi. Quand tu ressens ma présence, tu peux te demander pourquoi tu as besoin de retourner ou de rester dans ta zone de confort. Tu peux questionner ce qui t'effraie. Tu peux te demander si tu as encore des ressources intérieures ou si elles sont toutes épuisées. Tu as le droit aussi pendant un temps de rester à mes côtés.

Tout n'est pas qu'une question de performances et d'avancées. Tu as le droit de vouloir te reposer ou de rester dans une répétition de schémas, car tu n'es pas capable de faire autrement pour l'instant. Je suis un peu fâché, car aujourd'hui on me donne toujours une image négative et je suis le monstre à fuir. Et tu as essayé de m'effacer. Tu t'es bien rendu compte que ce n'était pas possible. Mais nous pouvons vivre ensemble, et tu peux ouvrir de nouveaux chapitres de vie même avec ma présence. Pour ce faire, écoute-moi sans tout verrouiller à double tour, écoute-moi sans voir le changement comme un danger ultime, écoute-moi avec douceur et bienveillance.

J'AVANCE À MON RYTHME :

Pour créer une nouvelle relation avec moi, tu as besoin de comprendre pourquoi je suis aussi présent. Dans un endroit calme, tu peux prendre une grande inspiration et expiration. Sur une feuille, écris tout ce que tu répètes. Liste tes habitudes de vie, de pensée, de consommation, etc. Ensuite relis ce que tu as noté, demande-toi si c'est juste pour toi ou non. Demande-toi pourquoi tu les répètes, même si elles sont négatives pour toi. Réfléchis aux nouvelles actions et habitudes que tu peux mettre en place pour créer un nouveau mouvement intérieur et extérieur. Tu peux aussi te dire que ce n'est pas le moment de modifier ta routine, et tu en as le droit. Le but n'est pas de t'obliger à faire des choses dont tu n'es pas capable. Le but est d'aller à ton rythme. Sois aussi attentif·ive à ta façon de parler, de penser. Plus tu vas dire « toujours », « c'est compliqué », « oui, mais »…, et plus tu vas m'appeler. Quand tu parles de cette façon, prends une grande inspiration et remplace ces phrases négatives par de nouvelles comme « c'est possible », « oui et » … Plus tu vas dire « c'est toujours comme ça », et plus tu vas t'enfermer dans une zone de confort. Chaque semaine, lance-toi un défi qui t'aide à en sortir. Cela peut être faire une activité inédite, expérimenter un nouveau style de coiffure ou vestimentaire, aller dans un endroit inconnu, adopter une nouvelle habitude de vie, un nouveau rituel. Plus tu vas te réconcilier avec le changement et le renouveau, moins tu auras besoin de moi comme conseiller.

LE MANTRA :

« J'accueille le changement avec confiance et en douceur. »

L'APPRENTISSAGE:

Quand je suis présente, la lumière disparaît. On me confond souvent avec la dépression, mais nous sommes différentes. Je suis une crise de ton être très profonde. Quand je suis là, tu remets tout en question. Plus rien n'a de sens. Tu ne sais plus qui tu es, ce que tu veux, ce que tu vaux et tu doutes de tes pensées et de tes convictions. J'apporte l'énergie du néant et ma présence est très pénible.

Je le sais. Ma présence auprès de toi peut varier et sache que, même si je pars, je peux revenir dans ta vie. Tu ne peux pas te défaire de moi seul·e. Tu as besoin de l'aide d'une personne de confiance ou expérimentée. Je n'interviens pas par pur plaisir. Quand je suis là, c'est que tu es en train de vivre une transformation intérieure profonde. Tu es en train de vivre de grandes révélations intérieures et cela crée une grande dissonance. Ces découvertes t'invitent à mettre en place des changements profonds et une partie de toi résiste. Une partie de toi a peur des conséquences de ces changements et a peur du renouveau. Plus les résistances sont fortes, et plus ma présence est impactante. Je ne suis pas forcément négative. J'ai le rôle que tu me donnes. Mais je suis une crise. Je suis une manifestation brutale. Mon énergie est brusque. Mais je ne te veux pas de mal.

LE BÉNÉFICE SECONDAIRE :

Je ne suis que ténèbres et, pourtant, je peux te rassurer. Quand je suis là, tout s'arrête. Tout se fige. Et tout s'assombrit. Tu n'agis plus et tu te recroquevilles sur toi-même. L'extérieur n'existe plus, car je l'ai plongé dans le noir tout comme tes propres énergies. Mais s'il n'y a plus d'extérieur, il n'y a plus de danger, il n'y a plus d'avancée, il n'y a plus de décision à prendre. Cela peut être rassurant, car cela peut te maintenir dans une forme de sécurité. Obscure, mais une forme de sécurité. Tu cherches la lumière, mais pour être honnête, tu en as peur. Tu as peur de la joie, du bonheur et du véritable amour. Très souvent, c'est quand tu les côtoies que tu les crains. Je peux alors t'aider à les éloigner. Parfois tu peux préférer le mal-être, car il t'apporte cette énergie familière. Tu la connais par cœur. Et je te la fournis sur un plateau d'argent. N'oublie pas aussi que quand je suis là, c'est que tu es en train de vivre une grande transformation. Je suis le fruit de tes propres résistances. Plus je suis présente, et moins tu les dépasses. Plus ma présence est intense, et moins tu termines cette transformation intérieure. Cela est rassurant, surtout si tu as peur du renouveau, du changement et de l'inédit. Mon objectif n'est pas de te blesser. Bien au contraire.

L'ALERTE :

Tu ne peux pas me quitter. Tu n'es pas mon·a prisonnier·ère, mais tu ne peux pas te séparer de moi par ta propre volonté. Quand je suis là, tu es démuni·e. Tu n'as plus de ressources. Tu as épuisé tes énergies à vivre une grande évolution intérieure et à combattre tes propres résistances. Tu es exténué·e.

Tu as besoin d'aide. Et c'est mon alerte principale. Tu as besoin d'une main tendue. Pas d'une main qui va t'apporter un outil ou une méthode miracle. Soyons sérieux·ses. Tu es le miracle que tu attends. Tu as besoin que quelqu'un t'aide à regarder la beauté en toi. Tu as besoin qu'une personne te rappelle tout le chemin que tu as parcouru. Tu as besoin qu'on te prenne dans les bras, qu'on t'aime, qu'on t'apporte de la douceur. Tu as besoin d'aide. Plus tu vas chercher à le faire seul·e, et moins tu vas réussir. Tu n'es pas capable. Tu ne peux pas. Et tu n'es pas faible. Tu es juste vidé·e de toutes tes ressources intérieures. Quand tu ressens ma présence, aie ce réflexe de demander de l'aide à une personne de confiance ou expérimentée. Aie ce réflexe de montrer ta vulnérabilité. Cela va t'aider à dépasser tes résistances intérieures et à ouvrir un nouveau chapitre de vie. Quand je suis là, le renouveau est à ta portée. Il n'a jamais été aussi proche de toi.

J'AVANCE À MON RYTHME :

Tu as besoin d'aide pour t'éloigner de moi. Seul·e, ce n'est pas possible. Mais tu peux t'apporter de belles choses. Tu peux t'installer dans un endroit calme et écrire ton histoire. Écris-la avec toi comme héros·héroïne. Raconte tous tes succès, tes exploits, les défis que tu as dépassés, tout le chemin que tu as parcouru. Relis ce récit autant de fois que tu le souhaites. Prends autant plaisir à l'écrire qu'à le lire. Tu peux aussi chaque jour prendre un moment pour te regarder dans une glace. Droit dans les yeux. Et quand tu te sens prêt·e, tu peux simplement te dire « merci ». Ressens vraiment la fierté s'installer en toi en inspirant et en expirant profondément. Tu peux aussi méditer si tu y arrives. Ferme les yeux, prends de grandes inspirations et expirations et visualise-toi simplement dans une bulle dans laquelle tu te sens bien et protégé·e. Ne cherche pas à mettre en place de nombreux rituels ou exercices. Tu n'es pas forcément capable de le faire à l'instant T. Respecter ses ressources et limites, c'est par moments avoir conscience qu'on n'en a plus du tout. Et quand je suis là, tes ressources sont totalement épuisées.

LE MANTRA :

« Je demande de l'aide. »

L'APPRENTISSAGE :

Je ne crois pas au présent et encore moins au futur. Je ne regarde pas droit devant. Mes yeux sont toujours fixés sur le passé. Je regarde toujours en arrière. Alors, oui, à cause de moi, tu trébuches souvent et tu as des difficultés à t'ancrer. Pour moi, toutes les réponses divinatoires se trouvent dans le passé. Je te fais croire que ton futur sera à l'exact identique de ce que tu as déjà vécu. Il n'y a pas d'autres possibilités. Je les nie totalement et je te persuade que j'ai raison. Je sais que je crée en toi une grande nostalgie et une forme de pessimisme. À cause de moi, tu ne peux pas envisager le changement, le renouveau et l'inédit, car je t'ai convaincu·e que cela est complètement impossible. Je t'oblige à regarder en arrière. Tu as alors l'impression que le présent est une chimère terrifiante, car tu ne la regardes pas. Tu ne peux que l'imaginer et très souvent tes projections sont négatives. Je ne suis pas là par plaisir pour te blesser. Mon souhait est vraiment de te protéger. Je suis présent quand tu n'as plus la force de te relever ou de croire en toi. Je suis à tes côtés quand tes ressources sont épuisées et quand tu as l'impression qu'espérer est quelque chose d'inutile. Je suis là quand tu as besoin d'aide. Je sais que ma présence est inconfortable et mes conseils maladroits, mais je suis là, à tes côtés.

LE BÉNÉFICE SECONDAIRE :

Je te rassure beaucoup. D'ailleurs, c'est pour cela que tu m'appelles. Souvent tu ne t'en rends pas compte, mais c'est toi qui réclames ma présence à tes côtés. Cela ne veut pas dire que tu l'as bien cherché. Rappelle-toi que tu fais le maximum avec les moyens que tu as. Mais quand je suis là, tu as la sensation de contrôler les choses. Tu refuses l'incertitude des événements extérieurs. Mon énergie t'apporte une forme de réconfort. Il n'y a pas de surprise, pas d'imprévu et pas de changement. Rappelle-toi que le changement fait peur. Quand tu regardes en arrière, tu n'es pas dans l'instant présent. Si actuellement ton quotidien ne te convient pas, tu peux le fuir grâce à ma présence. Quand je suis là, tu as juste à regarder dans le passé pour savoir ce qui va se produire dans le futur. C'est rassurant. Cela te donne l'impression que tout est écrit et que tu n'as pas forcément besoin de te remettre en question ou de prendre conscience de ton libre arbitre dans les choix que tu fais, dans ton avancée et dans les situations que tu crées. Tout est lié au passé. Rien n'est relié à toi.

L'ALERTE :

Tu peux créer une nouvelle relation avec moi en tant qu'alerte. Je ne peux pas te promettre de ne pas revenir dans ta vie comme tu ne peux pas m'effacer définitivement. Souvent, quand je suis là, c'est que tu ne crois plus en toi. Tu as peur des événements à venir et tu as l'impression de ne faire que des erreurs. Je ne suis pas à tes côtés, car tu es un être faible, bien au contraire. Mais quand je suis là, c'est que tu as peur du présent et du futur. C'est que tu n'arrives plus à espérer. Tu n'arrives plus à faire confiance à tes choix, à tes valeurs, à tes envies. Tu as l'impression d'être en boucle. Quand je suis là, c'est que tu te sens prisonnier·ère d'un parcours de vie qui ne te convient pas. Quand tu ressens ma présence, demande-toi pourquoi tu n'arrives pas à t'ancrer, pourquoi tu n'arrives pas à te sentir bien dans ton quotidien, pourquoi avancer est vraiment compliqué pour toi aujourd'hui, pourquoi tu n'arrives pas à lâcher prise. Je peux être une alerte positive et je peux t'aider à te poser des questions importantes. Je peux t'aider à cerner tes réels besoins et attentes. Je te fais croire que j'ai un pouvoir divinatoire, mais je vais t'avouer un secret : il n'en est rien. Mon seul pouvoir est l'enseignement. Tu ne peux pas me changer, mais tu peux apprendre de moi. Je vais t'aider à te découvrir et à te connaître, et je peux te donner la force pour accueillir le renouveau et le changement. Mais je ne suis pas un oracle. D'ailleurs, je ne sais pas tirer les cartes.

J'AVANCE À MON RYTHME :

Pour créer une nouvelle relation avec moi, tu as besoin de comprendre la place que j'ai dans ta vie. Installe-toi dans un endroit calme et demande-toi : « Quelle est la place de mon passé dans mon présent ? » La réponse ne sera pas forcément rapide et évidente. Laisse-toi le temps dont tu as besoin pour y répondre. Ensuite demande-toi pourquoi tu as peur de ton présent et quelle est ta visualisation du futur. Ensuite sur une feuille, écris tous les enseignements de ton passé. Décris toute la force que cela a inscrit en toi. Prends conscience de tout le chemin que tu as parcouru. Tu peux aussi écrire une lettre d'amour à ton présent. Même s'il n'est pas parfait, et il ne le sera jamais. Écris-lui une lettre d'amour et remercie-le pour les belles choses qu'il t'apporte. Enfin rédige une dernière lettre. C'est une lettre de confiance pour le futur. Chaque phrase commence par : « J'ai confiance en mon futur, car aujourd'hui je… » Quand tu as terminé, relis ces différentes lettres en inspirant et en expirant profondément. Tu peux aussi expérimenter la méditation en pleine conscience. Installe-toi dans une pièce et ferme les yeux. Concentre-toi uniquement sur ton corps et sur ta respiration. Ne cherche pas à visualiser. Sois juste dans l'instant. Cela va t'aider à t'ancrer dans l'ici et maintenant.

LE MANTRA :

« Je m'ancre dans le présent. »

L'APPRENTISSAGE :

Te souviens-tu de ta grand-mère qui regardait dehors par sa fenêtre en scrutant chaque personne qui marchait sur le trottoir ? À chaque passage, tu entendais une nouvelle critique ou une rumeur cinglante. Eh bien, c'est moi. Je suis cette énergie-là. Je suis la projection du jugement et de la critique extérieure. Et mes paroles ne sont pas forcément sympathiques. Je t'arrête toujours en te montrant du doigt le regard désapprobateur des autres. Je te demande toujours de te taire en te montrant les autres. Je t'arrête dans ton élan en te disant: « Mais que vont penser les voisins ? » Pour moi, ce que pensent les autres est très important. Et il est tout aussi important que tu aies une bonne image et une excellente réputation auprès d'eux. Je préfère que tu oublies tes rêves et ta propre identité que d'être l'objet de ragots et de rumeurs. Je t'ordonne de ne pas être original·e et de rester bien sage. Prends le chemin le plus classique et ne fais pas de vagues. Ne parle pas trop fort et ne sors pas des cases. Sois la personne la plus discrète possible et ne te fais pas remarquer. Tels sont mes conseils. Très souvent, je suis issue de ta famille ou de ton éducation. J'aime les traditions. D'ailleurs, j'ai toujours l'impression que le monde d'aujourd'hui n'a pas forcément de sens. Il n'y a plus de saison. De mon temps, ce n'était pas comme ça.

LE BÉNÉFICE SECONDAIRE:

Je sais que par moments tu adores m'écouter. Ma voix n'est pas toujours pénible. Quand tu as peur de sortir de ta zone de confort, de faire le premier pas ou de te lancer dans un nouveau projet, tu m'appelles. Je te montre du doigt les autres et tu arrêtes immédiatement ce que tu as commencé à entreprendre. Ce n'est pas toi qui te paralyses, ce sont tes semblables qui en sont responsables. Quand tu as peur de la nouveauté et du changement, je suis pratique. Quand tu as peur de ta propre lumière et de la reconnaissance extérieure, ma voix devient plus douce. Je t'ordonne de rester caché·e et de ne pas faire confiance à ta créativité. Il est parfois difficile de prendre des décisions importantes. Ces décisions peuvent être terrifiantes, surtout quand ton souhait est de commencer un chemin peu emprunté. Je n'aime pas les chemins déserts. Alors je te fais croire que ce chemin est dangereux, parfois je te dis même qu'il est hanté et que de grands criminels t'attendent pour te faire du mal. Tu restes ainsi sur un sentier surpeuplé, et je te fais croire que c'est ainsi que tu es vraiment en sécurité. Plus tu as peur de l'inconnu, plus ma voix est réconfortante.

L'ALERTE :

Je dois t'avouer quelque chose et, tu sais, c'est difficile pour moi de te le dire, mais on se fiche du regard des autres. Du moins, le regard gratuit. Et j'ai vraiment des difficultés à te l'avouer. Les autres te regardent avec leurs propres filtres. Ils projettent aussi sur toi leurs propres peurs et parfois même leurs propres blessures. Le regard de l'autre est biaisé et surtout tu ne peux pas plaire à tout le monde. Tu peux être la personne la plus extraordinaire de la Terre. Si on a décidé que tu étais tout l'inverse, tu n'as pas le contrôle dessus. Tu es désarmé·e face à ces étiquettes. Mais ce n'est vraiment pas grave. Le regard et le jugement des autres sont intéressants quand ils sont constructifs, quand ils sont honnêtes et sincères et quand ils peuvent t'aider à créer ton bien-être intérieur et extérieur. Mais très souvent, tu as l'impression que l'autre te regarde avec mépris, alors qu'à travers toi c'est lui-même qu'il observe. Prends du recul concernant tout ce qui est jugement et regard gratuit. En vrai, ils ne t'appartiennent pas et ils ont le pouvoir que tu leur donnes. Le seul regard qui compte c'est le tien. Regarde-toi avec douceur et amour. Avec confiance et honnêteté. Je vais retourner à ma fenêtre, mais regarde-toi tel·le que tu es. Tu es magnifique.

J'AVANCE À MON RYTHME :

Pour créer une nouvelle relation avec moi, tu as besoin de créer une nouvelle image avec ton reflet. Installe-toi devant un miroir. Regarde-toi dans les yeux. Et prononce ces phrases : « Je m'aime car… » « Je suis fier·ère de moi pour… » « Je m'affirme et j'ai le droit de trouver ma place. » Mets en place cet exercice le temps dont tu as besoin. Laisse venir à toi tous tes ressentis positifs. Laisse-toi guider par ta force intérieure. Quand tu ressens ma présence, demande-toi si le regard et le jugement des autres sont constructifs ou non. Si ce n'est pas le cas, inspire et expire profondément, et continue ton avancée. Si les critiques sont constructives, demande-toi comment tu peux les intégrer en toi pour modifier ce dont tu as besoin. L'autre a le pouvoir que tu lui donnes. Plus tu vas chercher à te protéger des autres, et plus tu vas leur donner du pouvoir. La clef, c'est de te concentrer sur toi. Chaque chemin est unique. Chaque projet est différent. Chaque personnalité est incomparable. Alors, sois ta propre priorité. Tant que tu ne dépasses pas tes limites et celles des autres, tu peux tout faire, alors sois toi-même. Expérimente. Sois ta propre source d'inspiration. C'est le plus beau cadeau que tu puisses te faire.

LE MANTRA :

« Mon regard est doux et bienveillant. »

L'APPRENTISSAGE :

Quand je suis là, toutes les parties de ton être et de ton âme ressentent un grand effroi. Tu es paniqué·e et tu as l'impression que le monde s'écroule sous tes pieds. Tu as l'impression de tout perdre. Tu te sens vide, dans le néant et plus rien n'a de sens. Je crée une grande terreur en toi. Je t'empêche de vivre des deuils. Et pourtant, chaque existence est marquée par des deuils. Le monde est un cycle et rien n'est acquis. Tout est deuil et recommencement. Mais quand je suis là, la séparation est vue comme un échec. Tu ne peux pas le concevoir. Tu ne peux pas l'accepter. Pour toi, la réussite et la sécurité sont présentes quand rien ne s'arrête, quand personne ne part, quand rien ne change. J'ai pu apparaître en toi quand tu t'es senti·e abandonné·e, quand tu as vécu une séparation difficile, quand tu as reçu une éducation très sévère basée sur les résultats. Quand je suis là, tu oublies tes besoins et tes attentes. Tu effaces totalement tes limites. Le but est que rien ne change. Quand je suis présent, tu vis les séparations comme de vrais échecs de vie. Cela crée un fort mal-être en toi. Tu as l'impression que tout est gâché et tu doutes des événements à venir. Tu as l'impression que le meilleur se trouve dans le passé, et tu peux totalement avoir des actions et réactions qui dépassent les limites des autres. Le but est que rien ne change, rien ne s'arrête, et parfois c'est au détriment des autres.

LE BÉNÉFICE SECONDAIRE :

Je sais que je crée de grandes tensions en toi et, pourtant, je sais aussi que je te rassure. Pas toujours évidemment, mais ma présence peut être positive. Quand je suis là, tu refuses l'incertitude du monde extérieur. Tu la rejettes totalement et ta routine t'en protège. Tu te fais croire que tu peux tout contrôler, et que tu peux toujours avoir les mêmes choses et les mêmes personnes auprès de toi. Tu te leurres, mais cela te rassure. Tu m'utilises à ce moment-là pour tout faire pour ne pas te séparer des personnes qui sont auprès de toi. Tu peux même manipuler sans forcément t'en rendre compte, mais tu ne veux pas être confronté·e aux mouvements permanents du monde. Je t'aide à créer des traditions rassurantes et à t'éloigner du côté incertain de notre vie. Je t'aide aussi à ne pas voir les autres et par effet miroir à ne pas te voir. Quand je suis là, tu n'accueilles pas les autres pour qui ils sont. Tu es davantage concentré·e sur la peur qu'ils partent plutôt que sur leur identité, leurs besoins et leurs limites. Tu projettes tes intentions plutôt que d'accueillir leur véritable nature. C'est rassurant, car cela t'évite d'être déçu·e ou de prendre conscience que votre relation ne te convient plus. Tu ne les vois pas et tu ne te vois pas. Tu es tellement concentré·e sur la fuite de la séparation que tu ne prends pas conscience de qui tu es et de ce que tu veux. Je crée une douleur intérieure, mais ma présence t'est parfois avantageuse.

L'ALERTE :

Je peux être une alerte positive. C'est paradoxal ce que je vais te dire, mais je ne pense pas que l'on puisse définitivement se séparer. En effet, je peux revenir à toi quand tu es fatigué·e, quand tu es vulnérable ou quand tu n'as plus de ressources intérieures. Mais nous pouvons avoir une autre relation. Je peux être là sans te faire souffrir et sans créer de méandres intérieurs. Quand je suis là, tu peux me voir comme une alerte positive qui t'invite à faire une pause. Tu as besoin de te retrouver et de te ressourcer, car actuellement tu es plus dans les peurs que dans le partage véritable avec les autres. Cela peut être lié à une relation qui est ou qui devient toxique, cela peut être lié à une blessure qui se réveille en toi; à des changements dont tu as besoin, à des limites qui ne sont plus respectées. Tu peux me voir d'une autre façon. Je peux t'aider à prendre conscience que tu es dans une situation ou dans une relation dans laquelle tu ne te sens pas en sécurité. Et cela peut te permettre de te poser des questions et de comprendre ce que tu vis et ce que tu souhaites vivre. Ma présence peut être plus douce et t'apporter de nombreux enseignements.

J'AVANCE À MON RYTHME :

Pour créer une nouvelle relation avec moi, tu as besoin de créer une nouvelle relation avec le deuil. Tu as besoin d'accueillir la tristesse d'une nouvelle façon. La tristesse est une émotion négative qui t'invite à faire une pause pour prendre conscience que tu es en train de vivre un deuil. Cela peut être le deuil d'une situation, d'une relation, d'un mécanisme de fonctionnement ou de pensée. Quand tu es triste, cela indique qu'une partie de toi a pris conscience qu'un chapitre est en train de se terminer. Tu peux demander l'aide d'une personne de confiance ou expérimentée pour vivre ce deuil. Parfois tu peux avoir peur qu'une relation actuelle s'arrête, car tu n'as pas fait le deuil d'une relation passée et tu projettes ta douleur passée sur ta relation actuelle. Le deuil se vit en plusieurs étapes : il y a d'abord le déni, la colère, le marchandage, la dépression et enfin l'acceptation. Tu peux t'installer dans un endroit calme en prenant une feuille et un stylo. Tu peux réfléchir sur l'étape du deuil où tu te trouves et lui écrire. Si par exemple, tu es dans la phase de la colère, adresse-toi à elle. Écris tout ce que tu ressens sans censure. Quand tu as terminé, tu brûles la lettre dans un endroit sécurisé et tu en rédiges une seconde : à ce que tu laisses partir. Écris avec le cœur et remercie pour tout le positif que cela t'apporte. Garde cette lettre précieusement dans un endroit cher à ton cœur.

LE MANTRA :

« Le deuil ouvre la porte au renouveau. »

L'APPRENTISSAGE :

Je suis présent en toi depuis ta tendre enfance. D'ailleurs, si je suis là, c'est qu'elle n'a pas été si tendre que cela. Toi et moi savons ce qu'il s'est passé et, même si certaines personnes aujourd'hui réfutent tes ressentis, je suis la souffrance issue de tes traumatismes, alors, oui, je sais. Nous savons. Je suis présent depuis que tu as eu le ressenti destructeur d'être repoussé·e, dénigré·e et méprisé·e. Quand je suis là et quand tu m'écoutes comme conseiller, je crée autour de toi une vraie carapace infranchissable. Rien de l'extérieur ne peut t'atteindre. Je le fais, car tu me demandes de te protéger. Alors brique après brique, je t'enferme et je te replie sur toi-même. Cette carapace t'aide à ne pas être en contact avec les autres et l'extérieur quand tu as l'impression que tu n'en vaux pas la peine, quand tu préfères te mettre à l'écart pour ne pas que les autres le fassent avant toi, quand tu penses que de toute façon l'extérieur est et sera toujours décevant. Je cherche alors l'endroit le plus sombre et le plus désert pour te cacher. Je te transforme en une ombre qui ne cherche qu'à disparaître. J'éteins la lumière. Tout est froid. Tout est silencieux. Mais je prends déjà tellement de place que tu ne peux pas accueillir une nouvelle souffrance potentielle. Alors nous sommes ensemble. Nous ne parlons pas. Nous pleurons seulement. Seul·e·s. Dans le noir.

LE BÉNÉFICE SECONDAIRE :

Je sais que je te fais mal. Et je suis vraiment désolé. Je ne le fais pas exprès. Ma seule présence te fait souffrir. Mais je sais aussi que parfois ma présence te rassure. Vu que je te cache des autres, il n'y a pas de partage avec l'extérieur. Il n'y a pas d'attente et donc pas de déception potentielle. Personne ne peut te faire souffrir, car personne ne te voit. Tu ne peux pas faire d'erreurs ou tu ne peux pas échouer, car nous restons ensemble camouflé·e·s dans les ténèbres. Il n'y a pas de conflit avec les autres, pas de dispute, pas de rupture. Rien. Tu ne prends pas de risque et tu t'enfermes dans des certitudes. Il ne peut pas y avoir de contradiction puisque tu ne communiques pas avec les autres. Il n'y a pas de conseil, pas d'autre cadre de référence pour questionner ta façon d'être. Tu es alors dans des biais de confirmation qui t'aident à créer un certain équilibre, même précaire. Tu restes dans ta zone de confort, qui te rassure, car elle t'est familière. Tes yeux se sont habitués à l'obscurité, et la clarté est vue comme quelque chose d'inconnu et de dangereux, alors grâce à moi, la lumière est et reste éteinte. Personne ne te voit, donc tu peux aussi te convaincre que tu ne peux pas compter sur les autres pour t'aider et pour te considérer. Quand je te conseille, je te donne le rôle de la personne vaillante et guerrière qui brave les enfers. Mais il n'y a personne à combattre dans ces ténèbres. Il n'y a que toi et moi.

L'ALERTE :

Tu ne peux pas m'effacer, mais tu peux créer une nouvelle relation avec moi. Tu peux décider du rôle que tu me donnes. Et en vrai, je suis vraiment positive en tant qu'alerte. Quand tu ressens ta carapace en toi, demande pourquoi elle est là et comment tu peux l'enlever. Fais-le en respectant tes ressources et tes limites. Rappelle-toi que tes yeux ont besoin de s'habituer à cette nouvelle lumière. Quand je t'alerte, je t'aide à prendre conscience que tu te sens en danger au contact des autres, et parfois ce danger peut être réel, alors prend le temps de l'écouter. Sans construire une muraille autour de toi et sans t'enfermer sur toi-même, écoute-moi en tant qu'alerte. Entoure-toi d'au moins une personne de confiance avec qui tu peux enlever ton armure et auprès de qui tu peux montrer ta vulnérabilité. En tant qu'alerte, je t'invite à prendre conscience que tu peux t'empêcher toi-même de vivre de belles opportunités extérieures. Tu t'empêches de vivre de très belles relations et de très beaux moments présents. Ne t'accable pas si actuellement tu es dans cette énergie. Tu fais vraiment le maximum avec les moyens que tu as.

J'AVANCE À MON RYTHME :

Tu peux créer un nouveau lien avec moi. Pour ce faire, il est très important que tu t'ouvres sur l'extérieur. Le but est d'équilibrer ton monde intérieur et extérieur. Fais-le à ton rythme pour ne pas te sentir en danger et me laisser alors te cacher dans l'ombre. Tu peux avec une personne de confiance définir un nouvel endroit à visiter ou participer à un événement. Tu peux aussi montrer une partie de toi, que ce soit partager des écrits, une passion ou une création sur un réseau social ou avec une personne de confiance. Tu peux aussi partager des moments de douceur. Cela peut être compliqué au début : avec une personne de confiance, prends sa main pendant quelques secondes ou quelques minutes. Quand tu te sens prêt·e, enlace cette personne et ressens profondément le bien-être que cela te procure. Tu peux aussi écrire toutes les croyances limitantes qui te disent que tu ne peux compter sur personne, que c'est toi contre le reste du monde, que tu n'es jamais mieux servi·e que par toi-même et les remplacer par des phrases qui commencent par : « Je partage avec les autres… » Ensuite ferme les yeux, inspire et expire profondément et répète ces phrases sous forme de mantras.

LE MANTRA :

« Je m'ouvre avec confiance sur l'extérieur. »

L'APPRENTISSAGE:

Nous sommes souvent vues comme de grandes histoires d'amour. Nous sommes mises en avant dans les séries télévisées, les films, les romans, etc. Nous avons cette aura tellement puissante qu'on porte l'énergie du véritable amour. Nous pouvons être cette règle inscrite comme une vérité immuable: aimer, ça fait mal et quand on aime, on accepte tout et on dépasse ses limites. Alors, c'est très flatteur, mais nous savons très bien que ce n'est pas vrai. D'ailleurs, nous ne sommes pas présentes que dans ta vie personnelle. Nous pouvons être là dans ta vie professionnelle, amicale, familiale et même dans ta relation avec toi-même. Quand nous sommes présentes, c'est que tes besoins et tes limites ne sont pas respectés. Tu peux aussi ne pas respecter ceux des autres. Notre présence implique des drames, des conflits, des événements imprévus, de l'incompréhension et de la souffrance. Quand nous sommes là, tu ne vois pas les autres pour ce qu'ils sont vraiment et ils ne te regardent pas. Chaque personne projette ses propres blessures sur l'autre. Chacun attend de l'autre qu'il cicatrise les plaies, qu'il crée une zone de confort bloquante, qu'il fasse des promesses qu'il ne peut pas tenir. Quand nous sommes là, tu es davantage concentré·e sur tes peurs que sur l'instant présent. À travers nous, tu revis en boucle des souffrances d'enfance. Avec nous, tu tentes de fuir tes blessures, et tu cherches à équilibrer un nouvel équilibre intérieur et extérieur. Avec nous, tu t'enfermes dans des schémas relationnels négatifs qui t'abîment et qui peuvent même te noyer.

LE BÉNÉFICE SECONDAIRE: Nous contribuons à ta souffrance intérieure et, pourtant, nous te rassurons. Quand nous sommes présentes, tu es dans une énergie familière. Tu es dans une énergie brutale, mais tu la connais, alors elle te sécurise. Tu sais, ton équilibre dépend d'une relation originelle: la relation avec tes parents. Ce n'est pas fataliste ce qu'on t'expose. Mais tu as besoin d'être en paix avec la relation que tu as entretenu·e ou que tu entretiens avec tes parents pour créer des bases relationnelles équilibrées avec les autres. Cela ne veut pas dire que la relation doit être parfaite. Cela veut dire que tu es invité·e à l'accepter telle quelle, à pardonner si tu en ressens le besoin et à être concentré·e sur tes propres besoins. Quand nous sommes là, tu essayes à travers les autres de donner une nouvelle énergie à la relation que tu as avec tes parents. En créant des schémas toxiques avec les autres, tu gardes l'espoir que tes parents changent. Tu gardes l'espoir de pouvoir changer votre relation. Tu gardes l'espoir d'apaiser ton enfant intérieur. Et c'est pour cela que tu peux avoir des difficultés à te défaire de nous. On nourrit un fort espoir. Et cet espoir est très profond. C'est une quête qui est inscrite en toi depuis de nombreuses années. Nous délaisser, c'est accepter que tu ne peux pas changer ton passé, ni tes parents. Et quand cela t'est insupportable, nous te rassurons en animant cet espoir.

L'ALERTE :

Nous ne pouvons pas te promettre de partir définitivement. Tu es un être faillible, un être imparfait. Cependant, nous ne sommes pas obligées d'être ta réalité relationnelle. Tu peux nous donner un autre rôle, une autre place, une autre influence. Ne te promets pas de ne plus jamais créer de relations toxiques. Cette attente est illusoire. Tu sais, chaque relation est unique. Certaines personnes vont réactiver en toi de très belles énergies et de grandes inspirations. D'autres vont attiser tes pires souffrances et blessures. Et elles ne le feront pas exprès. Tu es un être complexe et tu interagis avec des êtres complexes. Parfois, c'est un beau bordel. Tu peux nous voir comme une alerte positive. Quand nous sommes présentes, tu peux te demander quelle souffrance ou quelle blessure est réactivée. Tu as le droit d'arrêter des relations temporairement ou définitivement. Rappelle-toi que tu n'abandonnes personne. En tant qu'adulte, tu peux abandonner ton être et tes enfants. En tant qu'enfant, tu peux être abandonné·e par toi-même et par tes parents. Ça s'arrête là. L'amour qu'il soit amical, familial, sentimental ne justifie pas tout et parfois, aimer, c'est partir ou laisser partir. Alors, ne nous vois pas comme une fatalité ou comme l'unique solution pour apaiser ton enfant intérieur. Nous sommes des alertes positives, car on t'enseigne de nombreuses choses, mais nous sommes de piètres conseillères. On te blesse, on te meurtrit, on te heurte.

J'AVANCE À MON RYHTME :

Pour créer une nouvelle relation avec nous, tu as besoin de comprendre ce que tu recherches dans tes relations. Réfléchis aux relations qui dépassent tes limites. Demande-toi depuis quand elles sont présentes dans ta vie et réfléchis à ta part de responsabilité. Demande-toi ce que cela t'apprend. Et ose te poser ces questions : « Est-ce que j'accepte le partage équilibré avec les autres ? » « Si non, pourquoi ? » « Est-ce que j'ose montrer ma vulnérabilité ? » « Si non, pourquoi ? » « Est-ce que je suis toujours la personne qui sauve dans mes relations ? » « Si oui, qu'est-ce que je cherche à contrôler ? » Sois à l'écoute de tes ressentis et de tes réflexions. Les réponses ne sont pas forcément immédiates. Cela va te demander du temps. Quand tu as compris les enseignements, tu peux effectuer l'exercice des petits bonshommes allumettes, de Jacques Martel. Ensuite concentre-toi sur ton enfant intérieur. Tu peux t'installer dans un endroit calme et lui écrire une lettre d'amour. Une lettre où tu le rassures. Tu peux la relire quotidiennement.

LE MANTRA :

« Je crée des bases relationnelles positives avec moi et avec les autres. »

L'APPRENTISSAGE :

Je suis la succession des schémas qui se répètent et je sais que tu peux soupirer dès que tu entends ma voix ou dès que tu as conscience de ma présence. Quand je suis là, tu es frustré·e, en colère, voire désespéré·e. Tu as l'impression que malgré tes efforts tu as toujours les mêmes résultats. Je peux même te rendre pessimiste et abîmer l'estime de toi. Ce n'est pas mon but de te faire souffrir, bien au contraire.

Quand je suis là, c'est comme si tu vivais une journée sans fin. Je t'enferme dans une routine blessante et tu as l'impression d'avoir toujours des sensations de déjà-vu. Le décor change, les personnages changent, les dialogues changent, mais la fin est identique. C'est lassant. C'est brutalisant. Parfois traumatisant. Quand je suis là, tu doutes de tout. De toi en premier, mais aussi de tes projets, de tes envies, de tes actions, de tes ressentis et de tes réactions. Tu as l'impression de toujours mal faire et tu peux alors te sentir coupable. Tu as l'impression que le bonheur n'est pas fait pour toi et tu t'attends au pire. Je t'enferme dans un brouillard qui devient chaque jour de plus en plus épais. Plus le temps passe, moins tu comprends ce que tu vis, et plus l'issue positive devient illusoire et incertaine. Je suis là et tout se répète encore et encore. Chaque jour. Chaque instant. Chaque seconde.

LE BÉNÉFICE SECONDAIRE :

Tu ne désires pas ma présence et, pourtant, je te rassure. Quand je suis là, tu peux avoir l'impression de contrôler les choses. Tu as la sensation de savoir à l'avance les événements comme si tu avais des pressentiments. Tu sais ce qu'il va se passer, car c'est toujours la même chose. Cela te donne l'impression d'avoir un pouvoir et cela te rassure. Sauf que je ne suis pas divinatoire. Je ne suis pas un oracle. Je suis un schéma qui se répète en boucle. Et quand je me répète, je crée une routine. Et la routine, ça tranquillise. Alors je sais que tu te lamentes quand je suis là, mais je crée une sécurité intérieure et extérieure. Quand je suis là, il n'y a pas de surprise, pas de risque, pas de stupéfaction. Tu n'es pas déstabilisé·e, car tu es préparé·e à ce qu'il se passe puisque tu l'as déjà vécu. Tu n'es pas effrayé·e, car tu connais déjà la suite de l'histoire. Rien ne change. Rien n'est nouveau. Rien n'est différent. Et cela t'apporte une forme d' assurance. Tu peux me critiquer, chercher à me libérer, mais je t'apporte par moments de grands bénéfices secondaires. Ne crois pas que tu es faible, bien au contraire. Quand tu as besoin de retrouver un endroit pour te protéger, je suis là pour te l'apporter.

L'ALERTE :

Tu peux créer une nouvelle relation avec moi en tant qu'alerte. Je ne suis pas obligée de t'enfermer dans une boucle sans fin, et je ne suis pas là pour que tu perdes toute motivation et ton optimisme. Je peux être une alerte positive. Tu peux me regarder d'une autre façon, et tu peux écouter ma voix pour aller avec conviction et ferveur vers le changement, le renouveau et l'inédit. Quand tu sens que je m'approche de toi, tu peux te demander pourquoi tu as besoin de te sentir en sécurité. Tu peux questionner le danger que tu ressens auprès de toi, et tu peux décider des actions à mettre en place pour créer une relation sereine et apaisée avec le changement et l'inédit. Tu peux aussi décider de faire une pause. Tu peux comprendre qu'actuellement le rythme est trop rapide pour toi et que tu as besoin de te reposer dans un endroit où tu te sens en sécurité. Je ne suis qu'une création de ton mode de fonctionnement et de pensée. Le monde extérieur est en perpétuel mouvement comme tes énergies. C'est un chaos journalier dans lequel tu crées tes bases intérieures. Rien ne se répète en réalité, tout change en permanence, mais tu peux avoir besoin de temps et d'aide pour l'accepter et c'est normal. Toutefois, prends conscience que j'ai le rôle que tu me donnes. Je ne suis pas la fatalité du monde qui t'entoure. Je suis ta propre construction.

J'AVANCE À MON RYTHME :

Pour créer une nouvelle relation avec moi, tu as besoin de comprendre les schémas qui se répètent. Prends le temps de visualiser ta vie personnelle, professionnelle, matérielle, familiale, etc. Et regarde où je suis présente. Demande-toi depuis quand je suis là et comment je te rassure. Tu peux faire ce travail avec l'aide d'une personne de confiance ou expérimentée si tu en ressens le besoin. Et sache que cela peut te demander du temps. Ce n'est pas une course. Ensuite demande-toi pourquoi tu te sens en danger sans moi, pourquoi tu as des difficultés à accueillir le changement. Mets en place des actions pour créer une nouvelle relation avec le monde extérieur et avec toi-même. Prends conscience que tu as pu grandir avec moi. Tu as pu éponger le mode de fonctionnement de tes parents, tu as pu être éduqué·e en étant conditionné·e par la répétition de schémas, tu as pu être effrayé·e très jeune par le renouveau. Si tu t'es construit·e avec moi, tu vas être invité·e à faire preuve de beaucoup de patience pour qu'on puisse avoir une nouvelle relation. Ce n'est pas miraculeux, ni magique. Tu peux aussi chaque semaine te donner un défi à relever : faire quelque chose de complètement nouveau, qui sort totalement de ta routine et de ta zone de confort. Cela peut être la visite d'un lieu inconnu, une activité inédite, l'apprentissage de connaissances et compétences, etc. Fais-le vraiment à ton rythme en respectant tes ressources et tes limites.

LE MANTRA :

« J'accueille le changement intérieur et extérieur. »

L'APPRENTISSAGE :

Je n'aime pas les conversations. Je déteste les révélations. J'ai une grande affection pour le silence. J'aime quand rien n'est dit et que tout est caché. C'est mon énergie principale. Je suis ce qui n'est pas avoué. Je suis ce qui est dissimulé. Je suis le secret. Mon énergie n'est jamais agréable. Je crée un poids intérieur. Je crée des blocages intérieurs. Ces mêmes blocages se répercutent dans ta vie que ce soit dans tes relations, dans tes réactions, dans tes projets, dans ton avancée et dans la relation avec toi-même. Je n'efface rien. Je rends invisible ce qui n'est pas dit. Mais cela est toujours présent dans tes énergies. Alors, tu ne me vois pas, mais je t'influence. Je suis comme Arsène Lupin. « Vous m'avez vu, mais vous ne m'avez pas regardé. » Tu sens que tu es dérobé de quelque chose d'important, mais tu ne sais pas par qui et de quoi. Cela crée un fort malaise et une grande confusion. Je peux être ton propre secret comme ceux de ta famille. Ces choses qu'on tente de cacher coûte que coûte et qui sont quand même présentes tels des fantômes à hanter ceux qui cherchent à les fuir. Je suis toujours dans l'ombre, mais je suis toujours présent à tes côtés. Mon énergie est bloquante et dans un silence total j'entrave ton avancée.

LE BÉNÉFICE SECONDAIRE :

Pierre-Augustin Caron de Beaumarchais a dit : « Toute vérité n'est pas bonne à dire. » Et même si c'était au XVIIIe siècle, cette phrase est toujours d'actualité. Je suis une forme de mensonge. Par mon silence, je dupe. Et parfois, ce n'est pas du tout agréable d'être confronté·e à une vérité blessante. Alors j'arrive et je cache. Quand tu n'es pas capable d'être face à une réalité, je suis positif pour toi. Quand tu ne te sens pas capable d'assumer les conséquences d'une information, je suis positif pour toi. Tu peux te duper toi-même. Quand tu n'as pas les ressources pour t'accepter tel·le que tu es, je suis positif pour toi. Je voile une partie de ton identité et tu te crées alors une image mentale de qui tu es. Cela peut être un faux self, mais c'est la seule chose que tu puisses faire avec tes moyens d'aujourd'hui. Ce qui n'est pas vu ou dit n'existe pas. Bon, nous savons tous les deux que ce n'est pas vrai, mais par moments c'est sécurisant de le penser. J'apporte aussi une forme d'harmonie intérieure et extérieure. Quand tu ne te sens pas capable d'affronter des conflits, je suis très pratique. On ne dit rien. On n'y pense pas. On passe à autre chose.

L'ALERTE :

Je ne pense pas que la vérité « vraie » puisse exister. Je ne pense pas disparaître pour toujours. Cite-moi une seule personne qui dit toujours la vérité. Je te le dis : elle n'existe pas. Par contre, cela demande un vrai ancrage et une vraie force intérieure pour me défouler. Ce n'est pas toujours simple d'éteindre mon énergie. Il y a des secrets qui sont très ancrés, et leurs révélations peuvent être brutales et dévastatrices. Mon énergie peut être très lourde. Mais je peux être une alerte positive. Cela va te demander une grande honnêteté et sincérité avec toi-même, car, rappelle-toi, j'ai caché des informations qui t'appartiennent et que tu n'oses pas voir. Mais ce n'est pas une course et cela ne fait pas de toi un horrible personnage que d'accueillir mon énergie. Tout le monde cache. Tout le monde ment. Tout le monde dupe. Évidemment à différentes récurrences et intensités. Quand tu ressens mon énergie, demande-toi pourquoi tu ne peux pas dévoiler ce que je dérobe. Demande-toi pourquoi tu ne te sens pas capable d'accepter ou de transmettre cette ou ces informations-là. Cela va t'aider à t'accepter d'une part mais aussi à comprendre ton état intérieur, à comprendre ce que tu vis, à découvrir de nouvelles facettes de ta personnalité.

J'AVANCE À MON RYTHME :

Pour créer une nouvelle relation avec moi, tu es invité·e à communiquer. Je déteste ça, donc ce n'est pas avec moi que tu vas le faire. Demande de l'aide si tu en ressens le besoin. Tu peux partager tes propres secrets avec une personne de confiance, expérimentée ou avec une personne neutre. Ainsi, tu n'as pas d'engagement émotionnel et tu subis moins la peur du jugement et de la critique. Si tu portes le poids de secrets qui ne t'appartiennent pas, quand tu te sens prêt·e, ose poser des questions. Adapte-toi à la capacité de tes interlocuteurs à s'ouvrir à toi et ne les culpabilise pas s'ils ne sont pas capables de le faire. Rappelle-toi que mon énergie peut être lourde et brutale. Accepte aussi que je ne révélerai jamais certaines choses. Accepte de ne pas savoir. Ne cherche pas à me faire dire ce que je ne dévoile pas. Il y a certaines choses que je garderai toujours sous silence. Elles seront toujours dans l'ombre. Ce n'est pas une fatalité. L'accepter, c'est laisser toute la place à tes pensées personnelles, à tes propres réflexions, à tes désirs, à ton cadre de référence. Je ne parle pas mais je sais. Tu as la capacité de communiquer et de comprendre. À toi de l'utiliser.

LE MANTRA :

« Je communique avec honnêteté et avec sincérité. »

L'APPRENTISSAGE :

Quand je suis là, tu t'interdis de t'accorder le mérite de ton avancée. Tu t'interdis de célébrer tes réussites. Tu t'interdis de prendre conscience de tout le chemin que tu as parcouru par toi-même. Quand je suis là, tu penses que c'est grâce aux autres, à la chance, au hasard que tu as pu réaliser toutes ces belles choses. Ce n'est pas possible que ce soit toi. C'est forcément grâce à un élément extérieur.

Quand je suis là, tu as l'impression de ne pas mériter la reconnaissance, le regard bienveillant et positif des autres, les opportunités positives et l'abondance. Quand je suis là, tu as l'impression que le bonheur et la sérénité ont un prix trop élevé pour toi et que, très bientôt, d'horribles événements vont arriver. Tu as peur d'être démasqué·e, tu as peur qu'on se rende compte que tu as dupé tout le monde et que tu n'es au final qu'un·e sale imposteur. Je ne suis pas la voix de la vérité. Je suis un blocage. Alors quand je suis là, tu te dénigres et j'abîme l'estime que tu te portes. Je te fais croire que tu n'es pas à ta place. Je t'invite à t'excuser pour ton parcours de vie. Je t'invite à minimiser tes gloires. Je t'ordonne de te sentir mal à l'aise. Et pourtant, tout ce que je te dis n'est pas fondé, alors ne me donne pas cette puissance sur toi. Reprends le contrôle de tes énergies et de tes pensées.

LE BÉNÉFICE SECONDAIRE :

Je sais que je te fais souffrir, mais je sais aussi que je te rassure. Quand je suis là, tu peux te dénigrer et tu peux en faire part aux autres. Ils veulent à chaque fois te rassurer et te complimentent. Ils te disent de très belles choses et ils sont bienveillants envers toi. Sans t'en rendre compte, cela peut être une technique de manipulation pour être encensé·e par les autres. Tu es bien content·e que je sois là, car cela engendre de douces louanges extérieures. Quand je suis là, tu es aussi dans le travail. Il n'y a pas de temps pour la remise en question, pour profiter de l'instant présent, pour ne rien faire. Je peux t'aider à te fuir et quand tu n'as pas les ressources pour t'écouter, tu es content·e que je sois là. Je suis l'excuse pour que tu puisses t'éviter. Tu vas travailler plus pour avoir un mérite que tu vas rejeter ensuite, mais pendant ce temps-là tu ne penses pas à toi. Je t'aide aussi à fuir ton quotidien, car tu penses davantage à tes échecs passés qu'à ce que tu es en train de construire aujourd'hui. Plus tu es dans le passé, et moins tu acceptes qui tu es aujourd'hui. Si tu as peur de te découvrir et de t'accepter, ma présence peut grandement te rassurer. Je ne te juge pas, bien au contraire. Je te vois et je sais que toutes mes paroles ne sont pas justifiées.

L'ALERTE :

Tu peux créer une nouvelle relation avec moi en tant qu'alerte. Ma présence peut être plus douce et bienveillante. Nous pouvons apprendre à cohabiter. Quand tu ressens ma présence, demande-toi pourquoi tu n'as pas confiance en toi actuellement. Demande-toi si tu dors assez, si tu manges correctement, si tes limites sont respectées. Quand je suis là, c'est que tu te sens faillible. Tu as besoin d'être rassuré·e. Tu peux le faire par toi-même ou demander de l'aide si tu en ressens le besoin. Mais quand tu ressens ma présence, ne laisse pas mes paroles te conseiller. Dis-toi que tu as besoin d'un moment de pause pour te retrouver et pour te recentrer. Dis-toi que tu as besoin de te concentrer sur tes réussites et sur ton réel potentiel. Quand tu commences à entendre ma voix, réponds-moi par des compliments. Parle de toi en termes positifs, rappelle-moi tout le chemin que tu as fait, rappelle-moi et rappelle-toi ta grandeur et tes nombreuses qualités. Car quand je commence à chuchoter à ton oreille, c'est de ça dont tu as besoin. Et ce ne sont pas mes paroles qui vont te rassurer, ce sont les tiennes. Alors crée un nouveau dialogue intérieur. Concentre-toi sur des phrases positives. Cela va t'aider à retrouver une nouvelle estime de toi-même et à ce moment-là, je suis très positif pour toi.

J'AVANCE À MON RYTHME :

Pour créer une nouvelle relation avec moi, tu as besoin de prendre conscience de tout le chemin que tu as parcouru. Installe-toi dans un endroit calme et liste toutes tes réussites du mois, de l'année ou des dix dernières années. Fais le bilan de tes expériences passées pour prendre conscience de tous les défis que tu as déjà relevés. Liste aussi toutes les croyances limitantes présentes en toi, toutes ces phrases négatives qui te critiquent. Demande-toi si elles sont justifiées et remplace-les par des phrases flatteuses et élogieuses. Prends de grandes inspirations et expirations, et répète plusieurs fois ces phrases jusqu'à ressentir un vrai bien-être. Accueille ma présence quand je m'approche de toi. À ce moment-là, tu as besoin d'une pause. Fais quelque chose qui te fait du bien. Cela peut être une sieste, une conversation positive avec une personne de confiance, tu peux regarder une vidéo drôle ou ton film doudou. Tu as besoin d'un moment rien que pour toi, alors accorde-toi du temps. Tu ne peux pas te libérer de moi, mais tu peux créer une relation plus douce et bienveillante.

LE MANTRA :

« Je prends conscience de mes réussites passées et j'ai confiance en mes succès futurs. »

L'APPRENTISSAGE :

Je suis apparue avec beaucoup de douleur et de souffrance quand ta confiance a été rompue. Quand cela a été plus que violent pour toi et quand tu as été déçu·e par une personne dite loyale, je me suis présentée à toi. Nous nous sommes rencontré·e·s quand tu as vécu une violente traîtrise. Je sais que je crée une grande souffrance en toi et que cela te procure de grandes difficultés pour faire confiance aux autres. Je sais que tu vois l'autre comme un dangereux manipulateur. Je sais que tu cherches à te protéger et que cela te pousse parfois à mentir et à manipuler à ton tour. Tu ne le fais pas pour faire souffrir. Tu le fais, car tu souffres à cause de moi. Tu préfères être le·la premier·ère à attaquer pour ne pas être blessé·e, pour ne pas souffrir de nouveau et pour ne pas te sentir en danger. Quand ma présence est trop forte, tu es constamment dans la suspicion et l'hypervigilance. Je t'épuise, je te ronge, je te fais croire que l'autre te veut du mal. Quand je suis là, tu t'attends toujours au pire concernant les autres. Tu vas te méfier de leur gentillesse, de leur sincérité et de leur honnêteté. Tu vas douter des surprises positives, des opportunités et des synchronicités. Tu vas supposer plutôt que de poser clairement des questions ou d'écouter vraiment ce que les autres ont à te dire. Tu ne vas pas partager tes ressentis, ton univers, ton cadre de référence et tes sentiments. Tu vas tout faire pour les cacher au fond de toi et les garder à l'abri d'une potentielle nouvelle souffrance.

LE BÉNÉFICE SECONDAIRE :

Quand je suis là, je t'enferme dans une prison où l'autre ne peut qu'être mauvais. Mais je sais que je peux aussi te rassurer. Puisque l'autre est mauvais, alors ce n'est pas la peine de te dévoiler, ni de donner ta confiance. Tu restes dans ta cellule et tu ne partages pas avec les autres. Tu ne prends pas le risque d'un partage honnête et sincère. Tu ne prends pas le risque d'être ému·e, d'être impressionné·e par l'autre, d'être émerveillé·e. Je te pousse aussi par moments à manipuler les autres. Tu ne le fais pas car tu es une mauvaise personne. Tu le fais pour te protéger. Plus tu manipules, et plus tu as la sensation que tu contrôles les choses. Cela te protège de l'incertitude du monde et des événements. Cela te donne une sensation de plein pouvoir et c'est réconfortant par moments. Il n'y a pas non plus de surprises. L'autre sera dans tous les cas dans le camp des méchants. Tu seras toujours déçu·e. Cela te maintient dans une zone de confort familière dans laquelle tu te sens en sécurité. Je sais aussi que quand je suis là je peux te donner l'impression d'avoir un pouvoir sur les autres. Même que parfois tu peux te sentir supérieur·e et cela t'aide à apaiser tes failles narcissiques. Cela peut blesser les autres, mais tu te dis qu'ils cherchent aussi à le faire, alors autant être le·la premier·ère.

L'ALERTE :

Je suis et je serai toujours là. Je ne peux pas partir, mais tu peux créer une nouvelle relation avec moi.

Je peux être ton alerte. Quand tu sens que je suis présente, quand tu entends ma voix qui te murmure ou qui te hurle de toujours te méfier d'autrui, qui te pousse à chercher dans les détails les signes d'une grave manipulation, fais une pause. Demande-toi si cela est justifié et demande-toi ce dont tu as besoin pour retrouver une nouvelle sérénité intérieure. Demande-toi ce qui a déclenché cette suspicion déséquilibrée. Tu sais, c'est souvent quand tu es face à la nouveauté que ma voix est puissante. Je suis le cri qui t'invite à toujours rester dans ta zone de confort et à ne rien changer. Alors quand tu es face à l'inédit, ma présence peut s'intensifier. Réfléchis aux événements présents dans ta vie. Parfois, le fait que tu interroges les véritables intentions d'une personne est justifié. C'est quand c'est systématique que ce n'est pas juste pour toi et pour les personnes qui t'entourent. Je peux être l'alerte qui t'aide à comprendre que tu as besoin d'une pause, que tu as besoin d'une véritable conversation avec une personne, que tu as besoin d'aller par étape vers le renouveau, que tu as besoin d'aide pour vivre ce que tu es en train de vivre actuellement. Je peux être une alerte positive pour toi. Donne-moi ce rôle. Je le prends avec plaisir pour ne plus te faire souffrir et pour ne plus t'enfermer dans ta cellule qui est si sombre et si austère.

J'AVANCE À MON RYTHME :

Tu peux créer une nouvelle relation avec moi. Pour ce faire, tu peux demander l'aide d'une personne expérimentée qui va t'aider à comprendre tes schémas de pensée et qui va t'aider à en créer de nouveaux. Tu peux aussi communiquer avec les personnes pour lesquelles tu as des doutes. Exprime ce que tu ressens en expliquant que tu as besoin d'être rassuré·e ou que tu as besoin d'avoir des informations sur telle ou telle situation. Tu peux aussi écrire toutes les suspicions que tu as vis-à-vis d'une situation ou d'une personne. Ensuite, tu te demandes si cela est basé sur des faits ou si ce sont des suppositions. Tu peux remplacer ces suppositions par des phrases positives ou par des questions que tu souhaites poser. Tu as besoin d'un calme mental pour créer des liens de confiance avec les autres. Détermine pour chaque semaine une activité qui t'aide à apaiser ton esprit, à te défouler, à prendre du temps pour toi. Cela peut être du sport, une activité artistique, un moment avec une personne de confiance. Plus tu vas être concentré·e sur tes pensées positives, et plus tu vas créer une relation positive avec moi.

LE MANTRA :

« Je fais confiance à l'extérieur. »

L'APPRENTISSAGE :

Je suis un paradoxe. Je suis une énergie qui n'est pas du tout adaptée à qui tu es, alors que je te rassure. Je porte très mal mon nom, car je suis totalement inconfortable, et pourtant tu te sens à l'aise quand je suis présente. Je suis toujours accompagnée de la peur, et pourtant je t'aide à réduire ton stress et ton anxiété. Je défie ta propre logique, car je ne suis que contradictions. Je représente la sécurité, alors que je crée beaucoup de défiance, surtout face à l'extérieur, au renouveau et à l'inédit. Je suis ta zone de confort bloquante, c'est-à-dire l'endroit où tu te sens bien quand tu n'as pas la place pour bouger, pour penser et pour agir. Je te rappelle les moments de répit de ton enfance. Je te rappelle les instants où tu étais plongé·e dans le noir mais où tu avais quelques minutes de paix et de silence. Ces moments tellement terrifiants mais tellement calmes où tu pouvais te reposer. Je suis cette énergie-là. Je suis l'endroit qui rassure ton enfant intérieur et tu peux alors avoir beaucoup de difficultés à me quitter. Alors que je n'apporte qu'inertie et blocages, tu peux avoir un lien très particulier avec moi. Tel un doudou, je t'apporte une énergie très douce, et l'inconnu est vu comme l'adulte. Cet adulte qui te faisait tellement peur quand tu étais enfant. Cet adulte qui ne respectait pas tes besoins et tes limites. Alors, tu restes avec moi, dans cette pièce sombre, étroite et tellement inconfortable.

LE BÉNÉFICE SECONDAIRE :

Je t'apporte beaucoup de sécurité. C'est une illusion, mais tu le ressens vraiment au creux de ta chair. Je te protège du reste du monde. Je te protège des autres et de leurs potentielles offenses. Je te protège des événements et de tes éventuels échecs. Je te protège de toi et de tes souffrances intérieures. Quand tu es avec moi, plus rien ne se passe, et je t'enferme dans une routine tellement étriquée que tu ne peux pas te questionner, voir grand ou rêvasser. Je t'assomme d'obligations, d'actions quotidiennes à répéter en boucle et de directives limitantes. Tu ne peux pas penser à autre chose qu'à tes habitudes. Et cela te sécurise. Cela t'aide à t'éloigner d'une part de tes ressentis meurtris intérieurs et à ne pas revoir chez les autres les blessures de ton passé. Cela arrête le temps, tes expériences, ton chemin de vie. Tu es avec moi et je te cache. Et cela est très apaisant. C'est comme si tu étais avec moi dans une grotte. On rigole, car on sait que les autres au-dessus nous cherchent ou sont la proie de potentiels ennemis ou intempéries. Nous, on crée notre réalité dans cette crypte. Sauf que tu ne vis pas. Tu n'expérimentes pas. Tu te caches. Et je t'aide à le faire.

L'ALERTE :

Je suis la conséquence de ton enfance blessée. Je suis en toi pour toujours. Mais je ne suis pas obligée de dessiner ta destinée et ta réalité. Tu peux me donner un tout autre rôle. Tu as le droit de venir me voir quand tu en ressens profondément le besoin.

Quand tu as besoin de faire une pause et quand tu as besoin de te rassurer. Pour que je sois une alerte positive, tu ne restes pas longtemps avec moi. C'est vraiment une courte durée. Tu peux aussi retrouver mon énergie auprès d'une personne de confiance. Une personne qui te rassure et qui t'aide à te sentir apaisé·e. Le but n'est pas de créer un lien de dépendance avec cette personne, mais de rester sur ton chemin de vie, de rester ouvert·e sur le monde extérieur, d'expérimenter. Quand tu sens mon énergie s'approcher de toi, tu peux aussi te demander pourquoi actuellement tu as besoin d'être sécurisé·e. Tu peux questionner les événements extérieurs qui ont pu te perturber. La vie n'est pas une routine figée, c'est un cycle. Et rappelle-toi que tes énergies sont en mouvement. Parfois, la seule chose que tu puisses faire, c'est de venir me voir. Tu as le droit. Mais pour ton propre bien-être, nos rencontres seront brèves. Juste le temps de reprendre ton souffle si tu en ressens profondément le besoin.

J'AVANCE À MON RYTHME :

Pour créer une nouvelle relation avec moi, tu as besoin de te sentir en sécurité dans ton monde extérieur. Pour cela, tu as déjà besoin de comprendre pourquoi tu ne t'y sens pas en sécurité. Est-ce lié à des souffrances d'enfance ou à des événements extérieurs concrets ? Ensuite réfléchis aux actions que tu peux mettre en place pour créer un nouvel équilibre avec le monde extérieur. Tu peux aussi dans un endroit calme me dessiner. Comment me représentes-tu ? Tu peux ensuite accrocher cette feuille dans un endroit qui est important pour toi. Cela va t'aider à ressentir ma présence sans forcément le cacher pendant des années. Tu peux créer une relation profonde et proche avec une personne de confiance. Tu peux expliquer à cette personne que tu as besoin d'être rassuré·e sans créer des liens de dépendance et tu peux avec elle faire des activités nouvelles, aller dans des endroits inédits, accueillir ta vulnérabilité. De nouveau, cela va t'aider à équilibrer ta relation avec le monde extérieur. Je suis là, mais je ne veux pas que notre relation soit exclusive. Cela ne veut pas dire que je ne t'aime pas ou que je te rejette. C'est pour ton propre bien-être que je te demande de partir. Pars à l'aventure et vis vraiment ta propre vie.

LE MANTRA :

« Je fais confiance au monde extérieur. »

À propos de l'auteure

Isabelle Cerf est une véritable *Lightworker*, diplômée en psychologie, écrivaine et conférencière, elle met depuis plusieurs années ses capacités spirituelles au service des autres pour les aider à se connecter à eux-mêmes et à leur mission de vie.

Son objectif est de créer des outils leur permettant d'être le plus autonome possible dans leur démarche d'éveil spirituel. Elle est l'auteure des cartes oracle *Le Chakra du cœur*, *Mission de vie*, *Vies antérieures*, *Libération énergétique*, *La Puissance de la Lune* et *La Voix des âmes*, parues chez le même éditeur, du livre *Le Pouvoir insoupçonné de tes blessures et de tes blocages*, ainsi que du best-seller *Le Guide du Lightworker*.

www.lesoraclesdisa.fr

@lesoraclesdisa

@les_oracles_disa

@isabelle_cerf